기절초풍 비즈니스 일본어

이메일편 (E-mail)

이 장 우

파고다어학원 JLPT JPT강사
한양여대 JLPT강사
이장우닷컴대표
EBS JLPT 강의

주요저서

상상 JLPT시리즈
SJPT 통(通)톡(TALK)하다
JLPT 시뮬레이션시리즈
JLPT 한번에 패스하기 시리즈
JLPT JPT딱! 걸렸어 시리즈 등 다수

기절초풍 비즈니스 일본어
이메일편 (E-mail)

초 판 인 쇄 | 2016년 11월 1일

저   자 | 이장우
책 임 편 집 | 이종규, 이재은
표지디자인 | 종규
발 행 인 | 이장우
발 행 처 | 도서출판 예빈우
등 록 일 자 | 2014년 1월 17일
등 록 번 호 | 제 398-2014-000001호
주   소 | 경기도 구리시 동구릉로 129번길 24, 103동 801호 (인창동, 성원아파트)
전   화 | 070-8621-0070
홈 페 이 지 | www.leejangwoo.com (이장우닷컴)
이 메 일 | jpt900@hanmail.net

ISBN 979-11-86337-01-1 13730 : ₩12,000

Copyright ⓒ 2016 이장우
잘못된 책은 구입하신 서점이나 본사에서 교환해 드립니다.
이 교재의 내용을 사전 허가 없이 전재하거나 복재할 경우 법적인 제재를 받게 됨을 알려드립니다.

머리말

저자의 친한 후배 중 한 명이, 자동차 용 블랙박스를 제작하는 회사에 다니고 있다. 회사가 나름 승승장구하여, 일본까지 진출하게 되었다. 후배는 일본어를 할 줄 몰라서, 영어로만 일본 쪽 에이젠시와 대화를 나누었다. 후배는 캐나다에서 오랫동안 공부를 한 적이 있어서 영어회화는 거의 원어민 수준으로 구사를 하지만, 문제는 상대방 일본인이 완벽하지 않은 영어를 구사해서, 서로 간의 완벽한 커뮤니케이션이 되지 않는 경우가 많았다. 가끔, 급할 때는 저자가 제 3자 간의 국제통화를 통해서 통역을 하거나, 번역을 했는데, 의외로 두 사람(회사) 간의 미묘한 견해차이나, 의견조율이 되지 않은 경우가 많았다. 그러나, 이것은 두 회사의 영업이익 적인 면보다, 문화적인 차이에서 오는 갭(gab)이었다. 아무리 완벽한 대화를 주고 받는다고 해도, 문화의 차이에서 오는 언어적인 장벽은 잘 극복을 하지 못했던 것이었다.

저자는 일본어와 관련된 수험서를 만드는 것에 특장을 가지고 있다. 그래서 비즈니스 일본어 교재의 집필에 대해서는 전혀 흥미를 가지지 않았고, 관심도 없었다. 다행이라고 할까(?), 후배 덕분으로 비즈니스 일본어에 관심을 가지게 되었고, 한국에서 일본으로 진출하는 회사, 혹은 일본과 이미 거래를 하고 있는 한국회사의 임직원들이 일본문화의 정서를 이해하면서 완벽한 비즈니스문서를 만들 수 있는 교재가 있으면 상당한 도움이 될 것으로 생각하였다.

먼저 교재를 집필하기 위해서는, 수 많은 상황이나 설정, 그리고 자료가 필요로 했다. 한국에서 일본과 거래를 하고 있는 회사의 임직원들과 만나 수차례 회의를 하며, 그들이 필요로 하는 E메일의 내용, 상황 등을 들었다. 그들의 이야기를 들으면서 비즈니스 맨들의 어려움에 대해 충분히 납득이 가고 수긍이 가는 것이었다. 이 때부터 저자는 현장에서 불철주야로 활동하는 자랑스러운 한국의 비즈니스 맨들을 위한 교재를 집필하기로 마음을 먹었다.
그리고 교재만으로는 일본의 상사맨들의 심리를 정확하게는 이해시킬 수 없었기 때문에, 본 교재를 가지고 온라인 강의도 하였다. 단순히 교재의 해석이나 문형에 대한 설명만으로 강의를 하는 것이 아닌, 그들이 구사하는 문장, 사용하는 어휘에 따라, 지금은 어떤 상황인가(단순히 문장의 해석이나 회화의 이해만이 아닌)를 일본의 상거래 문화와, 비즈니스 적인 심리를 바탕으로 강의를 하였다. 아무쪼록 본 교재와 온라인 강의가 한국의 상사맨과 비즈니스 맨들에게 중요한 멘토가 되었으면 하는 바람이다.

대한민국의 상사맨과 비즈니스맨을 존경하는
2016년 11월에 **저자 이 장우**

목차

교재의 구성 및 특징 06
메일문서를 쓰기 전의 주의점 07
매일문서를 쓸 때의 주의점 10

1. 감사 18
   감사의 메일에서 정해진 표현 / 현장에서의 사용 예문

2. 사과 30
   사과의 메일에서 정해진 표현 / 현장에서의 사용 예문

3. 인사 40
   인사의 메일에서 정해진 표현 / 현장에서의 사용 예문

4. 의뢰 49
   의뢰의 메일에서 정해진 표현 / 현장에서의 사용 예문

5. 통지 59
   통지의 메일에서 정해진 표현 / 현장에서의 사용 예문

6. 안내 69
   안내의 메일에서 정해진 표현 / 현장에서의 사용 예문

7. 보고 79
   보고의 메일에서 정해진 표현 / 현장에서의 사용 예문

8. 연락 89
   연락의 메일에서 정해진 표현 / 현장에서의 사용 예문

9. 상담 99
   상담의 메일에서 정해진 표현 / 현장에서의 사용 예문

이메일편 (E-mail)

10. 지시 109
   지시의 메일에서 정해진 표현 / 현장에서의 사용 예문

11. 제안 118
   제안의 메일에서 정해진 표현 / 현장에서의 사용 예문

12. 재촉 128
   재촉의 메일에서 정해진 표현 / 현장에서의 사용 예문

13. 주의 138
   주의의 메일에서 정해진 표현 / 현장에서의 사용 예문

14. 클레임 148
   클레임의 메일에서 정해진 표현 / 현장에서의 사용 예문

15. 축하 157
   축하의 메일에서 정해진 표현 / 현장에서의 사용 예문

16. 위로(치하) 166
   위로(치하)의 메일에서 정해진 표현 / 현장에서의 사용 예문

17. 조회(문의) 175
   조회(문의)의 메일에서 정해진 표현 / 현장에서의 사용 예문

18. 확인 183
   확인의 메일에서 정해진 표현 / 현장에서의 사용 예문

19. 항의 192
   항의의 메일에서 정해진 표현 / 현장에서의 사용 예문

20. 문안 201
   문안의 메일에서 정해진 표현 / 현장에서의 사용 예문

교재구성 및 특징

일본회사와의 거래에서 필요한 E메일의 작성법과 그것과 관련된 문장 및 표현으로 구성을 하였다.

먼저, **메일문서를 쓰기 전의 주의점**을 통해서, E메일의 기본개념을 이해한다. **위험한 연락에는 메일을 사용하지 않는 것**을 비롯하여, **송수신자 명**의 설정, **메일용의 서명작성**에 대해서 학습할 수가 있다. 단순히 한국과 비교하여 큰 차이점이 없는 것처럼 보일 수도 있으나, 미묘한 차이가 상대방에 오해를 부를 수 있으므로, 반드시 체크를 해야 하는 부분이다.

메일문서를 쓸 때의 주의점을 통해서 일본회사의 비즈니스의 문화와 습성, 특징 등을 알 수 있다. 그리고 메일을 쓸 때의 **정형적인 형식**을 학습함으로서, 일본회사와의 거래에 필요한 비즈니스 메일의 기본을 이해할 수 있을 것이다.

정형적인 형식에 따라 메일을 쓸 때, 알아야 할 문장의 구성이나 문형 등을 이해하기 쉽게 예를 들어서 설명을 하였으며, **나쁜 예와 좋은 예를 비교**해서, 그 이유를 충분히 설명하였으므로, 학습자가 충분히 자기주도로 일본으로의 메일을 쓸 수 있는 팁과 스킬을 제공하였다.

본문에서는, 각각의 상황에 맞는 메일의 형식을 총 **20파트**로 나누어 놓았다. 따라서 일본회사와의 거래에서 일어날 수 있는 모든 상황을 구성함으로서, 비즈니스 맨들은 본문에서 다루어진 메일의 예문만으로도 다양한 표현으로 일본회사에 메일을 보낼 수 있을 것이다.

메일을 쓰기 전에 각각의 파트에서 알아야 할, **메일에서 정해진 표현**을 먼저 공부함으로서 기본적인 어휘나 문장, 문형을 이해할 수 있다. 단순히, 문장의 나열이 아닌, 그 문장을 어떻게 사용해야 할 것인가를 구체적인 예문으로 나타내었으므로, 학습자가 메일에서 사용하는 문장을 이해하는데 상당히 도움이 될 것이다.
그리고, 정해진 표현을 공부하고 나면, **구체적인 메일의 예를 각각의 파트에 3개 씩 구성**해 놓았다. 따라서 이 부분만 정확하게 이해를 하고 학습을 하여도, 다른 사람의 도움이 필요 없이, 충분히 혼자서 메일을 작성할 수 있을 것이다.

단언컨데, 일본회사와의 비즈니스 관계는 어학실력도 중요하지만, 그들의 문화를 이해하지 않으면 100% 실패할 확률이 높다는 것을 명심해 두자.

이메일편 (E-mail)

메일문서를 쓰기 전의 주의점

1. 메일의 특성을 이해한다.
메일은 간편하고 편리한 전달수단이고, 비즈니스에서는 뺄 수 없는 커뮤니케이션의 도구이다.
그러나, 메일은 만능의 도구는 아니다.
메일의 장점과 단점을 알아보자.

- **메일의 장점**
- 컴퓨터나 스마트 폰만 있으면 간편하게 송수신할 수 있다.
- 송신에서 수신까지의 시차가 거의 없다. (바로 도달된다)
- 수신한 메일을 필요할 때에 읽을 수 있다.
- 엑셀이나 워드 등의 데이터를 송신할 수가 있다.
- 송수신의 이력이 남기 때문에 이력을 추적할 수가 있다.
- 동시에 많은 사람에게 송신할 수가 있다.
- 많은 메일 속에서 내가 찾고자 하는 메일을 빠르게 검색할 수 있다.
- 메일을 쓰고 읽는데 있어서, 장소에 구애받지 않는다.
- 상대방의 시간을 구속하지 않는다.

- **메일의 단점**
- 상대방의 반응을 알 수 없다.
- 미묘한 뉘앙스를 알 수 없다.
- 컴퓨터나 스마트 폰이 없으면 이용할 수 없다.
- 커뮤니케이션이 간결해져서 상대방의 정확한 마음을 알 수 없다.
- 수신자가 수신의 행위를 하지 않으면 메일이 도달되지 않는다. (수신거부 설정 등)
- 내용을 다른 사람이 훔쳐 읽을 가능성이 있다. (보안 상의 문제)

2. 위험한 연락에는 메일을 사용하지 않는다

메일을 일상적으로 사용하고 있으면, 뭐든지 메일로 끝내버리려고 하는 착각에 빠질 수가 있다. 그러나, 그것은 위험한 생각이고, 비즈니스 관계에서 동떨어져 있는 사고방식이다. 메일만으로 끝내서는 안 되는 것은 다음의 것이 있다.

● **자신에게 큰 실수가 있는 경우**
자신에게 큰 실수가 있음에도 불구하고, 메일만으로 사죄를 끝내버리는 것은 부적절하다. 사죄할 때는 상대와 직접 이야기를 해서, 겸손하게 머리를 숙이며 용서를 구하는 것이 필요하다.

● **절박한 부탁이 있는 경우**
거절당하면 곤란한 절박한 부탁이나 상대에게 큰 부담을 주는 의뢰(예를 들면, 신원보증, 연대보증인의 의뢰, 돈을 빌리는 것 등)는 대면해서 사정을 상세하게 설명하고 나서 상대방을 납득시킬 필요가 있다.

● **긴급한 경우**
메일은 송신인과 수신인 사이에 직접적인 관계가 생기지 않는다. 메일을 보냈다고 해서 수신자가 메일을 읽지 않는 한, 의미가 없다. 긴급을 요하는 경우는 전화 등을 사용하여, 지금 즉시 연락을 취할 필요가 있다.

● **절박한 부탁이 있는 경우**
거절당하면 곤란한 절박한 부탁이나 상대에게 큰 부담을 주는 의뢰(예를 들면, 신원보증, 연대보증인의 의뢰, 돈을 빌리는 것 등)는 대면해서 사정을 상세하게 설명하고 나서 상대방을 납득시킬 필요가 있다.

2. 송수신자 명을 설정한다

메일을 착신하면, 일반적으로 수신자에게는 「송신자 이름」, 「건 명」, 「일시」가 표시된다.
송신자 명은, 비즈니스 스타일에 맞는 명칭을 설정하도록 하자.
송신자 이름에는, 한국한자읽기와 일본어한자읽기가 다르기 때문에 반드시 「영어로 표기」하거나, 한자 위에 「フリガナ」를 표기하도록 하자. 만일, 한글이름이나 한국한자 그대로 보낼 경우는, 스팸메일로 착각될 가능성이 있다. 또 무엇보다, 메일을 보고 바로 누구인지 알 수 있도록 하는 것이 바람직하다.
이상적인 송신자 이름은, 「회사명+성명」, 「성명+회사명」이다.

4. 메일용의 서명을 작성한다

메일에는 서명이라고 불리는 발신자의 성명과 메일주소가 들어간 것을 메일 문장의 제일 마지막에 넣는 것이 일반적이다.
서명의 행수는 지나치게 많은 것보다, 4행에서 6행 정도가 적당하다.

● 사외 서명의 예
사외 서명은 정해져 있는 것이 아니지만, 최소한, 다음의 항목은 반드시 넣도록 하자.

- 회사명과 부서명
- 성명(영문이나 한국식 한자읽기의「フリガナ」)
- 메일주소
- 우편번호와 주소
- 전화번호와 팩스번호
- 홈페이지주소

```
アイナビ 海外営業部   厳 在完 (オム ジェ ワン)
E.jae_um@thinkware.com
〒○○○-○○○○   韓国ソウル市江南区アイナビビル2-356
TEL : 02-589-9000(直通) FAX : 02-589-9003
www.inavi.com
```

● 사내 서명의 예
사내 용의 메일에는 회사주소나 전화번호를 써도 의미가 없다. 상대방이 연락하기 쉽도록, 내선번호 등을 써야만 한다.

```
営業部   厳 在完 (オム ジェ ワン)
内線 0806
E.jae_um@thinkware.com
```

메일문서를 쓸 때의 주의점

1. 건 명(메일 제목)은 간결하게 이해하기 쉽게 쓴다.

메일을 받은 상대는 우선 건 명(제목)을 확인한다.
많은 메일을 처리해야 하는 비즈니스 맨은, 건 명이 명확하지 않은 매일을 수신하면 읽지 않고 휴지통에 버릴 우려가 있다. 또 메일의 수신자는 수신자리스트에 있는 건 명과 수신자의 이름을 바탕으로, 먼저 메일을 여는 경향이 있다. 그렇기 때문에 상대방이 메일을 열지 않더라도 알 수 있도록, 건 명은 본문의 내용을 바탕으로 간결하게 이해하기 쉽도록 써야만 한다.

- **건 명은 짧고 구체적으로 쓴다**

  건 명이 지나치게 길면, 수신리스트에 표시될 때 거의 마지막 부분에 나타나서, 중요한 메일이 전해지지 않을 우려가 있다. 건 명의 문자의 길이는 대략 20자까지로 하고, 꼬 간단하고 명료하게 해서 이해가 용이하도록 명심해야 한다.
  만일 건 명을 뭐라고 쓸지 곤란할 때는, 우선 본문을 다 쓰고 나서 문장전체를 바라보면, 저절로 메일의 요점이 보일 것이다. 그 요점을 짧게 정리하여, 건 명으로 사용하도록 하자.

나쁜 예	좋은 예	포인트
打ち合わせの件 협의의 건	4/10(土)午前10時の打ち合わせの件 4/10(토)오전 10시의 협의 건	날짜가 불명확하다
杉本さんへ 스기모토 씨에게	「〜のご連絡」等 「〜의 연락」등	용건을 쓴다
ご報告 보고	納期・価格決定のご報告 납기, 가격결정의 보고	내용이 불명확하다
システムアップ作業のため、社内メールは8月1日は使えません 시스템 업데이터 작업 때문에 사내메일을 8월 1일에는 사용할 수 없습니다	8/1日は社内メールが使えません 8/1일은 사내메일을 사용할 수 없습니다	타이틀이 너무 길다. 용건을 단적으로 전할 필요가 있다.

이메일편 (E-mail)

- 「무슨」용건인지를 쓴다
  「○○회의」, 「○○안건」, 「○○신제품 안내」등 처럼, 무엇에 대한 용건인지를 상상할 수 있는 듯한 말을 넣자. 그렇게 하는 것으로 메일을 받은 사람이 대처를 하기 쉬워진다.
- 「언제의」용건인지를 쓴다
  「제3회」, 「No. 5」, 「8월 6일」, 「2/1」등 처럼, 기일이랑 회수, 기호 등을 넣는 것으로, 언제 것인지 특정하기 쉬워진다.
- 「어떻게 된 것인가(개요)」를 쓴다
  「~의 부탁」, 「~의 연락」, 「~의 보고」, 「~의 제안」등 처럼, 메일을 송신하는 것으로 무엇을 전하고 싶은 것인가? 상대방에 대해서 어떻게 하고 싶은 것인가를 명기한다. 그렇게 하는 것은, 메일을 받는 상대방은, 메일의 개요를 대략적으로 이해하고 나서, 메일을 읽을 수가 있기 때문이다.

- **건 명에 Re : 을 여러 번 사용하지 않도록 한다**
  몇 번이나 메일을 주고 받으면 Re: Re: Re: 라고 몇 개나 Re가 겹쳐진다. 상대방에 대해서도 실례일뿐만 아니라 메일을 대충 하고 있다고 생각될지도 모른다.
  Re:가 겹쳐지지 않도록, 3번 이상의 메일의 주고 받을 때는 새로 메일을 쓰도록 하자.

- **【중요】, 【긴급】, 【정보】 등의 키워드를 넣는다**
  건 명의 앞부분에 【중요】, 【긴급】, 【정보】 등의 키워드를 넣는 것으로, 바쁜 와중에도 적극적으로 상대방에게 메일을 보게끔 할 수 있다. 그러나 빈번하게 사용하면 정말로 급할 때는 신뢰감을 잃을 수가 있으니, 【중요】, 【긴급】, 【정보】 등의 활용은 적당히 하도록 해야 한다.

2. 비즈니스 메일의 정형적인 형식

비즈니스 상에서 사용되는 메일은, 일반적으로 다음과 같은 포맷이다.

- 수신처
- 서두
- 본인의 이름과 소속을 밝힘
- 본문(용건)
- 끝맺음
- 서명

● **수신처를 쓰는 방법**

수신처는, 수신메일의 수신처에 적혀 있기 때문에 본문 중에는 필요 없을 수도 있지만, 비즈니스메일의 경우, 회사계정이 아닌, 개인으로 사용하고 있는 주소일 수도 있다. 따라서 확실히 상대방에게 전해지도록, 본문 중에도 수신처를 쓰도록 하자.

특정의 수신처	여러 명의 상대 앞
소속이 없는 개인 앞의 경우 → _{すぎもと たろうさま すぎもと さま} 杉本　太郎様・杉本サチコ様 스기모토 타로 님 스기모토 사치코 님	특정의 그룹에 소속된 전원에게 보내는 경우 → _{こうほうたんとうしゃかく い ほうどうかんけいしゃかく い} 広報担当者各位・報道関係者各位、 홍보부 담당자 각위 보도관계자 각위 _{こうほうたんとうしゃ みなさま ほうどうかんけいしゃ みなさま} 広報担当者の皆様・報道関係者の皆様、 홍보부 담당자 여러분 보도관계자 여러분
회사에 소속된 개인 앞의 경우 → _{かぶしきがいしゃ しょうじ} 株式会社　イロハ商事 주식회사 이로하 상사 _{かんりぶ すぎもと たろうさま} 管理部　杉本　太郎様 관리부 스기모토 타로 님	특정의 그룹 등에 걸쳐서 보내는 경우 → _{こうほうたんとうしゃかんけいしゃかく い} 広報担当者関係者各位 홍보부 담당자 각위 보도관계자 각위 _{ばんぐみせいさくかんけいしゃかく い} 番組制作関係者各位 프로그램제작관계자 각위

이메일편 (E-mail)

- 서두

끝맺음	본문
업무상대에게	いつもお世話になっております。 항상 신세를 지고 있습니다. 貴社ますますご清栄のこととお喜び申し上げます。 귀사가 점점 더 발전하시는 것을 경하말씀 드립니다. いつもお引き立ていただき、ありがとうございます。 항상 응원해 주셔서 감사합니다. いつもお手数をおかけしております。 항상 수고를 끼치고 있습니다. 先日はお疲れさまでした。 전날은 수고하셨습니다. 先日はごちそうさまでした。　전날은 잘 먹었습니다. お元気ですか。　안녕하십니까? お変わりありませんか。　별고 없으십니까? いかがお過ごしですか。　어떻게 지내십니까?
며칠 전에 만난 상대	先日はお付き合い下さり、誠にありがとうございました。 전날은 어울려 주셔서 진심으로 감사했습니다. 過日は、たいへんお世話になり感謝いたしております。 일전에는 매우 신세를 져서 감사하고 있습니다.
잠시 동안 만나지 않은 상대	お久しぶりです。　오랜만입니다. ご無沙汰しております。　격조했습니다.
만난 적이 없는 상대	突然のメールで失礼いたします。갑작스런 메일로 실례하겠습니다. はじめてメールを送らせていただきます。　처음 메일을 보냅니다.
전화로 주고 받은 뒤의 상대	先ほどはお電話にて失礼いたしました。 조금 전 전화로 실례했습니다.

13

- **본인의 이름과 소속을 밝힘**

  송신자가 누구인지를 밝히자. 송신자가 기업에 속해 있다면, 수신처와 함께, 조직명, 소속부서, 명칭을 쓰자. 송신자 측에 표시되어 있기 때문에 소속을 밝히지 않고, 바로 본문으로 들어가는 경우도 많지만, 이것은 스팸메일로 처리될 수도 있고, 일본회사와 거래를 할 때에는 대단한 실례가 된다.

  (예)
  <ruby>株式会社<rt>かぶしきかいしゃ</rt></ruby>アイナビの<ruby>海外開発部<rt>かいがいかいはつぶ</rt></ruby>の<ruby>厳<rt>オム</rt></ruby>です。
  (주식회사 아이나비 해외개발부의 엄입니다.)

- **본문(용건)**

  무엇보다 이해하기 쉽게 쓰는 것이 중요하다. 간결하고 친절하게 전하기 위해서 일본의 문화와 언어를 이해하면서 본문을 쓰야 한다. 본 교재에 있는 예문을 참조로 하자.

이메일편 (E-mail)

● 끝맺음

끝맺음	본문
업무상대에게	何卒よろしくお願い申し上げます。 부디 부탁말씀 드립니다. ご高配たまわりますようお願い申し上げます。 배려를 받을 수 있도록 부탁말씀 드립니다. あしからずご了承ください。 나쁘게 생각하시지 마시고 양해해 주세요. ○○様によろしくお伝えください。 ○○님에게 안부 전해주세요. お詫びまで。/お礼まで。/お知らせまで。/ご連絡まで。 사과드립니다. / 인사드립니다. / 알려드립니다. / 연락드립니다.
간결하게	用件のみにて失礼します。　용건만으로 실례했습니다.
첫 상대에게	まずはご挨拶まで。　우선은 인사드립니다.
후일, 연락이 필요한 경우	それ)では、決まり次第ご連絡させていただきます。 그럼, 결정되는 대로 연락하겠습니다. (それ)では、またご連絡いたします。 그럼, 또 연락하겠습니다.
답변이 필요한 경우	ご返信をお待ち申し上げております。 답변을 기다리고 있음을 알려드립니다. お手数ですが、ご一読のうえご返信をお願いいたします。 수고스럽지만, 읽으신 후, 답변을 부탁합니다. 恐れ入りますが、ご確認のうえご返答をお願い申し上げます。 죄송합니다만, 확인한 후, 답변을 부탁합니다. 恐縮ですが、至急、ご返信をお願いいたします。 죄송합니다만, 즉시 답변을 부탁합니다. お手数ですが、10日午前中までに、ご返信たまわりますようお願い申し上げます。 수고스럽지만, 10일 오전 중까지, 답변을 받을 수 있도록 부탁말씀 드립니다.

- **서명**

  앞 페이지의 「메일용의 서명을 작성한다」를 참고해 주세요.

3. 재빠른 대응을 한다.

메일발신자가 가장 신경 쓰는 것은, 상대가 메일을 읽어주었는가 하는 것이다. 그러나 메일수신자 쪽은, 상대방이랑 메일의 내용에 따라서는 바로 답변을 할 수 없는 경우가 있다. 그 경우는, 「메일을 보았습니다 2, 3일 중에 답변하겠습니다」등의 중간 연락을 하자. 특히 질책이나 불평, 질문, 클레임에는 재빠른 대응이 성의가 있는 대응으로 생각하여, 답변까지 시간이 걸리는 경우라도 반드시 중간 연락을 하도록 하자.

4. 한 개의 메일에는 한 개의 용건을 쓴다.

한 통의 메일에 용건이 여러 개 있으면 이해하기 어렵게 된다. 한 통의 메일에는 용건을 한 개 쓰는 것을 기본으로 하자. 중요한 용건이 여러 개 있는 경우는, 메일을 나누어, 제 각각 건 명(타이틀)을 바꾸어서 보내도록 하자. 그 때, 첫 메일에는, 「別件にて、改めてメールをお送りしますのでおろしくお願いします。: 별 건으로 새로이 메일을 보낼 테니 잘 부탁합니다.」라는 문구를 넣어주면 적절하다.

4. 한 문장 중에, 반복해서 같은 말을 등장시키지 않는다.

문의 예처럼, 한 문장 안에 같은 어구가 몇 번이나 반복되면 메일이 서툰 인상을 준다. 같은 말을 제거하거나 다른 표현을 사용, 혹은 문장을 나누도록 하자.

특정의 수신처	여러 명의 상대 앞
工場に行くには、線路沿いに行くと時間が短縮できます。 공장에 가려면, 선로를 따라 가면 시간을 단축할 수 있습니다.	工場へは、線路沿いに行くと時間が短縮できます。 공장으로는, 선로를 따라 가면 시간을 단축할 수 있습니다.
来年度の活動方針を決定し、3月10日までに決めてください。 내년도의 활동방침을 결정하고, 3월 10일까지 결정해 주세요.	来年度の活動方針を、3月10日までに決めてください。 내년도의 활동방침을, 3월 10일까지 결정해 주세요.
次回の新製品発表会会場の場所は、次の条件を満たす場所を選んでください。 다음 번의 신제품발표회 회장의 장소는, 다음 조건을 충족시키는 장소를 선택해 주세요.	次回の新製品発表会会場には、次の条件を満たす場所を選んでください。 다음 번의 신제품발표회 회장에는, 다음 조건을 충족시키는 장소를 선택해 주세요.

이메일편 (E-mail)

6. 애매한 표현은 피하자.

애매한 표현은 무의식 중에 사용하기 쉽다. 애매한 표현이 원인이 되어 문제가 되는 경우도 있다. 비즈니스 상에서의 주고 받는 메일은, 애매한 표현은 피하도록 하자.

나쁜 예	좋은 예
なるべく/なるはや 가능한 한/가능한 빨리	○○までに ○○까지
できるだけ 가능한 한	사용하지 않는다
この前 이 전	○○の際 ○○했을 때
そのうち 가까운 시일 안에	사용하지 않는다
今日中 / 本日中 오늘 중	18時(退社時刻)までに/24時までに 18시(퇴근시각)까지/24시까지
今週中に 이번 주 중에	○月○日(○曜)までに ○월○일(요일)까지
朝イチ/午後イチ 아침 일찍/오후 일찍	○時までに ○시 까지
8～10時くらいの時間帯 8~10시 정도의 시간 대	午前・午後○時/20時～22時 오전 오후○시/20시~22시
○○の時にでも ○○의 때에라도	○○の時に ○○의 때에("でも"를 삭제한다)
でき次第/終わり次第 되는 대로/끝나는 대로	○日(○時)までに ○일(○시)까지
あの・そのなどの指示語 あの その 등의 지시어	내용을 구체적으로

17

01_감사

감사의 메일은, 감사의 마음을 전하기 위한 것이다.
감사의 마음을 전하기 위해서는, 상대방에게 메일을 보내는 타이밍이 중요하다.
당일이나, 늦어도 다음 날에는, 메일을 보내는 것이 좋다.
또, 신세를 진 상대방의 후의에 대해서, 솔직하게 감사하는 마음을 직접적으로
자신의 말로(다른 부하직원에게 시키지 않고) 전하도록 하자.

이메일편 (E-mail)

● 감사의 메일에서 정해진 표현

표 현	사용의 예
おかげさまで 덕분에	おかげさまで30周年を迎えます。 덕분에 30주년을 맞이합니다.
おかげさまをもちまして 덕분에	おかげさまをもちまして成功いたしました。 덕분에 성공했습니다.
ありがとうございます 감사합니다	ご協力いただき、ありがとうございます。 협력해 주셔서 감사합니다.
誠にありがとうございました 진심으로 감사했습니다	このたびは、ご注文をいただき、誠にありがとうございました。 이번에는, 주문을 해 주셔서, 진심으로 감사했습니다.
ご愛顧いただき 애용해 주셔서	いつもご愛顧いただき、誠にありがとうございます。 항상 애용해 주셔서, 진심으로 감사합니다.
感謝しております 감사하고 있습니다	営業部一同、深く感謝しております。 영업부 일동, 깊이 감사하고 있습니다.
心より感謝申し上げます 마음으로부터 감사말씀 드립니다	このたびは、展示会にご協力いただき、心より感謝申し上げます。 이번에는, 전시회에 협력을 해 주셔서, 마음으로부터 감사말씀 드립니다.
感謝申し上げる次第です 감사 말씀을 드리는 바입니다	担当の池田にご引見くださり、感謝申し上げる次第です。 담당인 이케다를 만나주셔서, 감사말씀을 드리는 바입니다.
感謝してやみません 감사해 마지 않습니다	これも先輩のお力のおかげと感謝してやみません。 이것도 선배님의 힘 덕분이라 생각되어 감사해 마지 않습니다.
深謝いたします 깊이 감사 드립니다	このたびのおとりはからい、深謝いたします。 이번의 배려에, 깊이 감사 드립니다.
厚くお礼申し上げます 깊게 감사의 말씀을 드립니다	日頃はひとかたならぬお引立てにあずかり厚くお礼申し上げます。 평소에 적잖이 특별히 돌봐 주셔서 깊게 감사의 말씀을 드립니다.

표현	사용의 예
大変うれしく思っております 매우 기쁘게 생각하고 있습니다	ご社の業務に携われることを、大変うれしく思っております。 귀사의 업무에 종사하게 된 것을, 매우 기쁘게 생각하고 있습니다.
感謝の意を表します 감사의 뜻을 표하겠습니다	よってここに記念品を贈り深甚なる感謝の意を表します。 이에 이곳에 기념품을 보내어, 심심한 감사의 뜻을 표하겠습니다.
お礼の申し上げようもありません 감사의 말씀을 드릴 방법도 없습니다	ご親切にはお礼の申し上げようもありません。 친절함에는 감사의 말씀을 드릴 방법도 없습니다.
お礼の言葉もございません (더 이상의) 감사의 말씀도 없습니다	先日は思いもかけぬご親切を賜り、お礼の言葉もございません。 전날에는 생각지도 못한 친절을 받아서, 감사의 말씀도 없습니다.
何とお礼の申し上げればよいか言葉もありません。 뭐라고 감사의 말씀을 드리면 좋을지, 표현도 없습니다	お祝いの品までいただき、何とお礼の申し上げればよいか言葉もありません。 축하의 선물까지 받고, 뭐라고 감사의 말씀을 드리면 좋을지, 표현도 없습니다.
感謝の言葉も見つからないほどです 감사의 말씀도 찾지 못할 정도입니다	部長をはじめスタッフの皆様の献身的な協力には感謝の言葉も見つからないほどです。 부장님을 비롯해서 스텝 여러분의 헌신적인 협력에는 감사의 말씀도 찾지 못할 정도입니다.
ただただ感謝の気持ちでいっぱいです 단지 감사의 마음으로 벅찹니다	ここまで支えてくださった方にただただ感謝の気持ちでいっぱいです。 여기까지 지지해 주셨던 분에게 단지 감사의 마음으로 벅찹니다.
感謝の念を禁じえません 감사의 마음을 금할 길이 없습니다	ご支援をいただき、今さらながら感謝の念を禁じえません。 지원을 받아서, 새삼스런 말 같지만 감사의 마음을 금할 길이 없습니다.
感謝の限りです 매우 감사합니다	いつも様々なお知恵をいただいて感謝の限りです。 항상 다양한 지혜를 주셔서, 매우 감사합니다.

이메일편 (E-mail)

표현	사용의 예
感激しております 감사하고 있습니다	久々の再会に感激しております。 오랜만의 재회에 감사하고 있습니다.
胸がいっぱいになりました 가슴이 벅찼습니다	私は心から嬉しく、胸がいっぱいになりました。 저는 마음으로부터 기쁘면서 가슴이 벅찼습니다.
○○様のお力添えのおかげで ○○님의 조력 덕분으로	○○様のお力添のおかげで、どうにか完成する事ができました。まことにありがとうございました。 ○○님의 조력 덕분으로, 그럭저럭 완성할 수가 있었습니다. 진심으로 감사했습니다.
ご恩は一生忘れません 은혜는 평생 잊지 않겠습니다	このご恩は一生忘れません。 이 은혜는 평생 잊지 않겠습니다.
足を向けて寝られません 몹시 감사합니다	いつも、お力添えいただき、川崎さんには足を向けて寝られません。 항상 조력을 받아서, 가와사끼 씨에게는 몹시 감사합니다.
恩に着ます 은혜를 입었습니다	お力添え、一生恩に着ます。 조력을 받아서, 평생 은혜를 입었습니다.
ご迷惑をおかけしました 폐를 끼쳤습니다	無理をお願いしてご迷惑をおかけしました。とても助かりました。 무리한 부탁을 해서 폐를 끼쳤습니다. 매우 도움이 되었습니다.
お手数をおかけしました 수고를 끼쳤습니다	○○の件では、大変お手数をおかけしました。 ○○의 건으로는, 매우 수고를 끼쳤습니다.
お世話になりました 신세를 졌습니다	大変お世話になりました。 매우 신세를 졌습니다.
いろいろとお骨折り頂きまして 여러 가지 애를 써 주셔서	この度は色々とお骨折り頂きまして誠にありがとうございました。 이번에는 여러 가지 애를 써 주셔서 진심으로 감사했습니다.
ご尽力をいただきまして 진력해 주셔서	このたびは新規取引にあたり、ご尽力をいただきまして厚くお礼申し上げます。 이번에는 신규 거래에 임해서, 진력해 주셔서 깊게 감사말씀 올립니다.

표현	사용의 예
いつもお心にかけていただき 항상 걱정해 주셔서	いつもお心にかけていただき、まことにありがとうございます。ご期待に沿えますよう、全力で努めてまいります。 항상 걱정해 주셔서, 진심으로 감사합니다. 기대에 부응할 수 있도록, 전력으로 노력해 가겠습니다.
身に余るおもてなしをいただき 과분한 대접을 받아	先日は、身に余るおもてなしをいただき、心よりお礼申し上げます。 전날에는 과분한 대접을 받아, 마음으로부터 감사말씀 드립니다.
心和む時を過ごさせて頂きました 마음이 편안해지는 때를 보냈습니다	皆様の楽しいお話に心和む時を過ごさせて頂きました。 여러분의 즐거운 말씀에 마음이 편안해지는 때를 보냈습니다.
その節にはぜひ宜しくお願い申し上げます 그 때에는 꼭 잘 부탁 드리겠습니다	次は、私どもも一席ご用意させていただきますので、その節にはぜひ宜しくお願い申し上げます。 다음에는 저희들도 자리를 마련할 테니, 그 때에는 꼭 잘 부탁 드리겠습니다.
身に余るお言葉をいただきまして 과분한 말씀을 해 주셔서	身に余るお言葉をいただきまして、ありがとうございます。 과분한 말씀을 해 주셔서, 감사합니다.
責任の重さを痛感いたしております 책임의 무거움을 통감하고 있습니다	大役を仰せつかり、その責任の重さを痛感いたしております。 큰 역할을 지시 받아, 책임의 무거움을 통감하고 있습니다.
一層のご厚誼ご指導を賜りますよう 더 많은 후의와 지도를 베풀어 주시도록	今後とも一層のご厚誼ご指導を賜りますよう、宜しくお願い申し上げます。 앞으로도 더 많은 후의와 지도를 베풀어 주시도록, 잘 부탁 드립니다.
元気を出して、頑張っていきます 힘을 내어, 열심히 해 가겠습니다	今日からまた、元気を出して、頑張っていきます。 오늘부터 또, 힘을 내어, 열심히 해 가겠습니다.
全力を尽くして参ります 전력을 다해 나가겠습니다	ご満足頂けるよう全力を尽くして参ります。 만족하실 수 있도록 전력을 다해 나가겠습니다.

이메일편 (E-mail)

표현	사용의 예
ありがたくお礼申し上げます 고맙게 감사의 말씀을 드립니다.	無理をお聞き届けくださり、ありがたくお礼申し上げます。 무리한 부탁을 듣고 승낙해 주셔서, 고맙게 감사의 말씀을 드립니다.
重ねてお礼申し上げます 거듭 감사의 말씀을 드립니다	日頃お世話になっている上に、またお歳暮まで賜り重ねてお礼申し上げます。 평소에 신세를 진데다가, 또 연말선물까지 주셔서 거듭 감사의 말씀을 드립니다.
大変貴重なアドバイスをいただき 매우 소중한 어드바이스를 받아	大変貴重なアドバイスをいただき、視野も広がった気がします。 매우 소중한 어드바이스를 받아, 시야도 넓어진 느낌이 듭니다.
感謝申し上げます 감사말씀 드립니다	この一年間のご支援に、感謝申し上げます。 이번 1년 간의 지원에, 감사말씀 드립니다.
お気遣いいただき 마음을 써 주셔서	いつもなにかとお気遣いいただき、ありがとうございます。 항상 뭔가 마음을 써 주셔서, 감사합니다.
このたび~に当たって… 頂きまして 이번 ~에 임해서…주셔서	このたびは私の就職活動に当たって多大なるご尽力を頂きまして、本当にありがとうございました。 이번에는 저의 취직활동에 임해서 많은 진력을 해주셔서, 정말로 감사했습니다.
ご配慮くださり 배려를 해 주셔서	先日の会合ではご配慮くださり、お礼申し上げます。 전날의 모임에서는 배려를 해 주셔서, 감사말씀 드립니다.
うれしく存じました 기쁘게 생각했습니다	お心遣いうれしく存じました。 배려를 기쁘게 생각했습니다.
感謝の念に堪えません 감사의 마음을 참을 수 없습니다	勝手なお願いをお聞きとりいただき、感謝の念に堪えません。 염치없는 부탁을 들어주셔서, 감사의 마음을 참을 수 없습니다.
お気持ちが心にしみました 배려가 마음에 저립니다	お見舞いをいただき、お気持ちが心にしみました。 문병을 와 주셔서, 배려가 마음에 저립니다.

표현	사용의 예
ただただ感謝いたしております 다만 감사하고 있습니다	長年の貴社のご支援とご協力には、ただただ感謝いたしております。 오랫동안의 귀사의 지원과 협력에는, 다만 감사하고 있습니다.
楽しみにいたしております 기대하고 있겠습니다	次回また、皆様と新しいテーマで語り合う機会が持てますことを楽しみにいたしております。 다음 번에 또, 여러분과 새로운 테마로 대화를 할 기회를 가질 수 있을 것을 기대하고 있겠습니다.
大きな学びとなりました 큰 배움이 되었습니다	日頃見ることのできない現場を体験させていただいたことは、大きな学びとなりました。 평소에 볼 수도 없는 현장을 체험했던 것은, 큰 배움이 되었습니다.
励まされました 위로 받았습니다	期待していると言ってくださったことに、とても励まされました。 기대하고 있다고 말해 주신 것에, 매우 위로 받았습니다.

● 현장에서의 사용 예문_01

자료를 빌렸을 때

件名：資料ありがとうございました
管理課
張本　一郎 様

　お疲れ様です。現代自動車の李です。
　先日ファックスでお願い致した取引先に関しての資料は大変役に立ちました。
　おかげさまで、非常に参考になるデータが多くあり、仕事の上で有意義に生かすことができました。いつもご好意に感謝しております。

　まずはお礼かたがたご連絡まで。

現代自動車 デザイン課　李 素英（リ ソヨン）

soyoung@hyundai.com

〒◯◯◯-◯◯◯◯　韓国ソウル市江南区現代ビル2-356

TEL：02-3333-9999(直通)　02-3333-8888(代表)

FAX：02-3333-7777

www.hyundai.com

● 현장에서의 사용 예문_02

출장을 마쳤을 때

件名:出張時はお世話になりました
東京商事
営業部長 野村　秀夫 様

お仕事お疲れ様です。アイナビ株式会社の金です。
６月９日の出張の際には、さまざまなお心遣いをいただき、
誠にありがとうございました。
深くお礼申し上げます。
ご多忙中にもかかわらず、工場・店舗視察にご同行くださったことを、
心より感謝しております。
部長のおかげさまで右往左往することなく、
仕事に邁進することができました。
今回いただいたご配慮とアドバイスを生かし、より良い製品を作って
いきたいと存じます。

今後ともよろしくお願い申し上げます。

===

アイナビ株式会社 海外営業部　金 英圭（キム ヨンギュ）
younggue@ainavi.com
〒◯◯◯-◯◯◯◯　韓国ソウル市江南区アイナビビル2-356
TEL：02-3333-9999(直通)　02-3333-8888(代表)
FAX：02-3333-7777
www.ainavi.com

● 현장에서의 사용 예문_03

업무와 관련된 사람을 소개 받았을 때

件名：ありがとうございました
大和建設
国際営業課　宮沢　有紀　様

いつもお世話になっております。
韓国経済研究所の厳です。
先日、日本でご紹介いただいたエージェンシーの池田さんにお会いし、これからの取引に関しまして話を伺ってきました。
おかげさまで、池田さんからは大変貴重なアドバイスをいただくことができました。
これから、企画書を練り直すところですが、池田さんには今後もお力を貸していただけることになりました。これらも、宮沢様のおかげです。

ありがとうございました。

韓国経済研究所　研究員　厳 在完（オム ジェワン）
E.jae_um@thinkware.com
〒○○○-○○○○　韓国ソウル市江南区パゴダビル2-356
TEL：02-3333-9999(直通)　02-3333-8888(代表)
FAX：02-3333-7777
www.koreakenyen.com

● 해석

자료를 빌렸을 때

건 명 : 자료 감사했습니다
관리과
하리모토 이치로 님

수고하십니다. 현대자동차의 이입니다.
전날 팩스로 부탁 드렸던 거래처와 관련된 자료는 상당히 도움이 되었습니다.
덕분에 매우 참고가 되는 데이터가 많이 있어서, 일을 하는데 있어서 의미 있게 활용할 수
가 있었습니다. 항상 호의에 감사하고 있습니다.

우선은 인사를 겸해서 연락 드립니다.

현대자동차 디자인 과 이 소영
soyoung@hyundai.com
〒○○○-○○○○ 한국 서울시 강남구 현대빌딩2-356
TEL : 02-3333-9999(직통) 02-3333-8888(대표)
FAX : 02-3333-7777
www.hyundai.com

출장을 마쳤을 때

건 명 : 출장 때는 신세를 졌습니다
도쿄상사
영업부장 노무라 히데오 님

일에 수고가 많으세요. 아이나비주식회사의 김입니다.
6월 9일의 출장 때는, 여러 가지 배려를 받아서, 진심으로 감사 드립니다.
깊은 감사의 말씀을 올립니다.
바쁘심에도 불구하고, 공장, 점포 시찰에 동행해 주신 것을 마음으로 감사하고 있습니다.
부장님의 덕분으로 우왕좌왕하지 않고, 업무에 매진할 수가 있었습니다.
이번에 받은 배려와 어드바이스를 살려서, 보다 좋은 제품을 만들어 가고 싶다고 생각합니다.

앞으로도 잘 부탁 드립니다.

아이나비 주식회사 해외영업부 김 영규
younggue@ainavi.com
〒○○○-○○○○ 한국 서울시 강남구 아이나비빌딩2-356
TEL : 02-3333-9999(직통) 02-3333-8888(대표)
FAX : 02-3333-7777
www.ainavi.com

이메일편 (E-mail)

> 업무와 관련된 사람을 소개 받았을 때

건 명 : 감사했습니다
다이와건설
국제영업과 미야자와 유키 님

항상 신세를 지고 있습니다.
한국경제연구소의 엄입니다.
전날, 일본에서 소개 받은 에이전시 이케다 씨를 만나,
앞으로의 거래에 관해서 말씀을 들었습니다.
덕분에, 이케다 씨로부터는 매우 귀중한 어드바이스를 받을 수가 있었습니다.
앞으로, 기획서를 새롭게 다듬을 계획입니다만, 이케다 씨로부터는 앞으로도
힘을 빌릴 수 있게 되었습니다. 이러한 것도 미야자와 님의 덕분입니다.

감사했습니다.

한국경제연구소 연구원 엄 재완
E.jae_um@thinkware.com
〒○○○-○○○○ 한국 서울시 강남구 파고다빌딩2-356
TEL : 02-3333-9999(직통) 02-3333-8888(대표)
FAX : 02-3333-7777
www.koreakenyen.com

● 어휘설명

02_사과

사과의 메일은, 상대방의 분노를 가라앉히고, 관계를 개선하기 위한 것이다.
문제가 발생했을 경우는 신속하게 사실관계를 알아보고, 본인(회사) 쪽에 잘못이나
실수가 있었을 경우는, 솔직하게 인정하고, 사죄하여 대응책을 설명하자

이메일편 (E-mail)

● 사과의 메일에서 정해진 표현

표현	사용의 예
申し訳ございませんでした 죄송했습니다	度重なる失礼、申し訳ございませんでした。 거듭되는 실례를 범해, 죄송했습니다.
心から申し訳なく 진정으로 죄송하고	この度は、多大なご迷惑をおかけして、心から申し訳なく、深くお詫びいたします。 이번에는, 많은 민폐를 끼쳐, 진정으로 죄송하고, 깊이 사과 드리겠습니다.
すみませんでした 죄송했습니다	お返事が遅れてすみませんでした。 답변이 늦어서 죄송했습니다.
失礼いたしました 실례했습니다	お約束していましたのに急用で不在をし、たいへん失礼いたしました。 약속을 했는데, 급한 볼일로 자리를 비워, 대단히 실례했습니다.
お詫び申し上げます 사과말씀 드립니다	皆様には大変ご迷惑おかけしました事を深くお詫び申し上げます。 여러분께는 대단히 폐를 끼친 것을 깊이 사과말씀 드립니다.
お詫び申し上げようもございません。 사과말씀을 드릴 방법도 없습니다	再度のミスをおかし、お詫び申し上げようもございません。 재차 실수를 하여, 사과말씀을 드릴 방법도 없습니다.
謝罪いたします 사죄하겠습니다	誤解を与えたようでしたら、謝罪いたします。 오해를 드린 것 같으면, 사죄하겠습니다.
幾重にもお詫び申し上げます 거듭 사과말씀 드립니다	ご配慮を無にしましたこと、幾重にもお詫び申し上げます。 배려를 헛되이 한 것을, 거듭 사과말씀 드립니다.
お詫びの言葉もありません 사과를 드릴 말씀도 없습니다	ご迷惑をおかけした皆様には、本当にお詫びの言葉もありません。 폐를 끼친 여러분에게는, 정말로 사과를 드릴 말씀도 없습니다.
ご心配をおかけいたしまして 걱정을 끼쳐서	ご心配をおかけいたしまして、申し訳ありませんでした。 걱정을 끼쳐서 죄송했습니다.

표현	사용의 예
お詫びの言葉に苦しんでおります 어떻게 사과를 드릴지 괴로워하고 있습니다	とんだ不始末をしでかしまして、お詫びの言葉に苦しんでおります。 터무니 없는 짓을 저질러, 어떻게 사과를 드릴지 괴로워하고 있습니다.
大変ご不愉快の念をおかけしました 매우 불쾌한 기분을 들게 했습니다	ご案内に不手際があり、大変ご不愉快の念をおかけしました。 안내에 서툰 점이 있어서, 매우 불쾌한 기분을 들게 했습니다.
自責の念にかられております 자책하는 마음에 사로잡혀 있습니다	配慮が行き届かなかったと、自責の念にかられております。 배려가 미치지 못했다고, 자책하는 마음에 사로잡혀 있습니다.
反省いたしております 반성하고 있습니다	不注意であったと、反省いたしております。 부주의했다고, 반성하고 있습니다.
遺憾に存じます 유감스럽게 생각합니다	この度の不祥事、たいへん遺憾に存じます。 이번의 불상사는, 매우 유감스럽게 생각합니다.
肝に銘じます 명심하겠습니다	二度と起こさないよう、肝に銘じます。 두 번 다시 발생하지 않도록 명심하겠습니다.
以後、気をつけます 앞으로 주의하겠습니다	このようなことを繰り返さないように、以後、気をつけます。 이러한 일을 반복하지 않도록 앞으로 주의하겠습니다.
二度とこのようなことはいたしません 두 번 다시 이러한 짓은 안 하겠습니다	今後は十分に注意し、二度とこのようなことはいたしません。 앞으로는 충분히 주의하고, 두 번 다시 이러한 짓은 안 하겠습니다.
お許しくださいませ 용서해 주세요	おめでたい席での失礼の段、どうかお許しくださいませ。 경사스러운 좌석에서의 실례를 한 점, 부디 용서해 주세요.
ご容赦くださいませ 용서(양해)해 주세요	商品の性質上、お客様のご都合による返品・交換は何卒ご容赦くださいませ。 상품의 성질 상, 손님의 사정에 의한 반품, 교환은 부디 양해해 주세요.

이메일편 (E-mail)

표현	사용의 예
ご勘弁願えませんか 용서 부탁할 수 없겠습니까?	商品はすぐにお取り替えいたしますので、ご勘弁願えませんか。 상품은 바로 교환해 드릴테니 용서 부탁할 수 없겠습니까?
申し開きのできないこと 변명할 수 없는 일	このたびの件はまったく申し開きのできないことでございました。 이번 일은 전혀 변명할 수 없는 일이었습니다.
弁解の余地もございません 변명의 여지도 없습니다	ご返済遅れは弁解の余地もございません。 변제가 늦어진 것은 변명의 여지도 없습니다.
不覚にも 전후 분별없이	不覚にも、御社に迷惑をかけることになり、誠に申し訳ありません。 전후 분별없이, 귀사에 폐를 끼치게 되어, 진심으로 죄송합니다.
ご指摘のとおり 지적하신 대로	ご指摘のとおり、請求書の金額に誤りがございました。お詫び申し上げます。 지적하신 대로 청구서의 금액에 실수가 있었습니다. 사과말씀 드리겠습니다.
～はもっとものことでして ～은 당연한 것이어서	お怒りはもっとものことでして、弁解の余地もございません。 화를 내시는 것은 당연한 것이어서, 변명의 여지도 없습니다.
～は無理もないことでございます ～은 무리한 것도 아닙니다	お怒りは無理もないことでございます。 화를 내시는 것은 무리한 것도 아닙니다.
面目次第もございません 참으로 면목이 없습니다	今回の件は、ひとえに私の不徳の致すところであり、面目次第もございません 이번 건은, 오로지 저의 부덕의 소치이고, 참으로 면목이 없습니다.
お恥ずかしいかぎりです 매우 부끄럽습니다	私の指導不足が原因であり、まことにお恥ずかしいかぎりです。 저의 지도부족이 원인이어서, 진심으로 매우 부끄럽습니다.
考えが及びませんでした 생각이 미치지 못했습니다	そこまでは考えが及びませんでした。 거기까지는 생각이 미치지 못했습니다.

표현	사용의 예
非礼このうえないことと 무례하기 그지 없었던 것	非礼このうえないことと、謹んでお詫びを申し上げます。 무례하기 그지 없었던 것, 삼가 사과말씀 드립니다.
失態をお見せいたしまして 추태를 보여드려서	会議の席上では失態をお見せいたしまして、たいへん申し訳ありませんでした。 회의 석상에서 추태를 보여드려서, 대단히 죄송했습니다.
このようなことになり 이러한 일이 되어	厳重に注意を払ってまいったつもりではございますが、このようなことになり現場の監督責任を痛感しております。 엄중하게 주의를 기울여 왔다고 생각합니다만, 일이 이렇게 되어, 현장의 감독책임을 통감하고 있습니다.
あってはならないことでした 있어서는 안 되는 일이었습니다	書類を改竄するなどあってはならないことでした。 서류를 악용하는 등 있어서는 안 되는 일이었습니다.
もってのほかでございました 당치도 않은 일이었습니다	遅れてくるなど、もってのほかでございました。 늦게 오다니, 당치도 않은 일이었습니다.
とんでもないことでした 당치도 않은 일이었습니다	データを流出するなど、とんでもないことでした。 데이터를 유출하다니, 당치도 않은 일이었습니다.
私の至らなさが招いた結果です 저의 미흡함이 초래한 결과입니다.	今回の件は、私の至らなさが招いた結果です。 이번 일은, 저의 미흡함이 초래한 결과입니다.
私の力不足です 저의 역량부족입니다	結果を出せなかったのはひとえに私の力不足です。 결과를 내지 못했던 것은 오로지 저의 역량부족입니다.
私の不徳の致すところです 저의 부덕의 소치입니다	システム障害を予測できなかったことは、私の不徳の致すところです。 시스템 장해를 예측하지 못했던 것은, 저의 부덕의 소치입니다.
不行き届きでした 소홀함이었습니다	管理者として、監督不行き届きでした。 관리자로서 감독의 소홀함이었습니다.

이메일편 (E-mail)

● 현장에서의 사용 예문_01

제출서류 지연에 대한 사과

件名：インボイス提出期限遅延に関するお詫び
管理部　北野課長

お疲れ様です。営業部の姜です。
さて、このたび、当月15日までにインボイスを提出すべきところ、
20日になってしまったことを深くお詫びします。
管理部の皆さんが、期日までに処理するにあたり、大変お困りになったことと思います。
営業課長からも注意され、反省しております。
今後は、インボイス提出期限までには必ず提出するように致しますので、
今回はお許しいただきますようお願いします。

取り急ぎお詫びまで。

営業課　姜 期秀（カン キス）
内線：○○○
kisu@skura.com

● 현장에서의 사용 예문_02

부주의에 의한 실수의 사과

件名：資料の紛失についてのお詫び
総務部　吉本部長

お疲れ様です。人事部の金です。
取り急ぎ、ご報告があります。
このたび、お預かりしていた新企画の資料を、取引先への移動中に
紛失してしまいました。私の不注意から、課長ならびに関係各位に対し、
多大なるご迷惑をおかけしましたこと、誠に申し訳ございません。
日頃より、文書等の保管について細心の注意を払うようご指導いただき
ながら、このような事態を起こしましたことが大変悔やまれ、深く反省
しております。
二度とこのような失態を繰り返さないように、以後十分に注意して業務
に励みます。まことに申し訳ございませんでした。

===

人事部　金 英美（キム ヨンミ）
内線 ： 123
youngmi@skura.com

- 현장에서의 사용 예문_03

불평을 받았을 때의 사과

件名：お客様からの叱責についてのお詫び
業務部　佐藤部長

お疲れ様です。崔です。
取り急ぎ、ご報告があります。
このたび、マルマルインフォメーションセンターにおきまして、
私の不用意な言動により、お客様から叱責を受けました。
この件に関し、お客様ならびに課長ほか関係者の皆様には、
大変ご迷惑をおかけいたしました。誠に申し訳ありませんでした。
お客様への対応には慎重の上にも慎重を期すようにと、常々ご指導
いただいているにも関わらず、このような不始末を起こしましたことを、
心より反省しております。
二度とこのような失態を繰り返さないように、以後十分に注意して
業務に励みます。
誠に申し訳ございませんでした。

営業部　崔　秀真（チェ　スジン）
内線 ： 123
sujin@skura.com

● 해석

제출서류 지연에 대한 사과

건 명 : 송장제출기한 지연에 관한 사과
관리부 키타노 부장님

　수고하십니다. 영업부의 강입니다.
　그런데, 이번에 당 월 15일까지 송장을 제출해야만 하는 바,
　20일에 제출한 것을 깊게 사과 드립니다.
　관리부의 여러분이, 기일까지 처리하는데 있어서, 매우 난처하게 되었다고 생각합니다.
　영업부장님으로부터도 주의를 받아서 반성하고 있습니다.
　앞으로는 송장제출기한까지는 반드시 제출하도록 할 테니,
　이번에는 용서해 주시도록 부탁합니다.

　우선 급한 대로 사과 드립니다.

영업과 강 기수
내선 : 123
kisu@skura.com

부주의에 의한 실수의 사과

건 명 : 자료의 분실에 대한 사과
총부부 요시모토 부장님

　수고하십니다. 인사부의 김입니다.
　급히 보고 드릴 것이 있습니다.
　이번에 맡고 있었던 신 기획의 자료를, 거래처로 이동 중에
　분실해 버렸습니다. 저의 부주의로, 과장님 및 관계자 여러분에 대해서,
　크나 큰 민폐를 끼쳐버렸던 것, 진심으로 사과 드립니다.
　평소부터, 문서 등의 보관에 대해서 세심한 주의를 기울이도록 지도를 받았는데,
　이러한 사태를 일으켜 버린 것이 매우 후회스럽고, 깊게 반성하고 있습니다.
　두 번 다시 이러한 실수를 반복하지 않도록, 앞으로 충분히 주의해서 업무에 힘쓰겠습니다.
　진심으로 죄송했습니다.

인사부 김 영미
내선 : 123
youngmi@skura.com

이메일편 (E-mail)

불평을 받았을 때의 사과

건 명 : 손님으로부터의 질책에 대한 사과
업무부 사토 부장님

수고하십니다. 최입니다.
급히 보고 드릴 것이 있습니다.
이번에 마루마루 인포메이션센터에서, 저의 조심성 없는 언동에 의해,
손님으로부터 질책을 받았습니다.
이 건에 관해서, 손님 및 과장님 외 관계자 여러분께는 매우 폐를 끼쳤습니다.
진심으로 죄송했습니다.
손님에 대한 대응에는 신중에 신중을 기하도록, 늘 지도를 받고 있음에도 불구하고,
이러한 불미스러운 일을 일으켜버린 것을, 진정으로 반성하고 있습니다.
두 번 다시 이러한 실수를 반복하지 않도록, 앞으로 충분히 주의해서 업무에 힘쓰겠습니다.
진정으로 죄송했습니다.

영업부 최 수진
내선 : 123
sujin@skura.com

- 어휘설명

03_인사

인사의 메일은, 다양한 부분에서 다루어진다. 입사, 퇴사, 전근, 승진 등의 상황에서, 평소에 신세를 진 상사나 선배, 동료, 거래처에 나의상황을 알리고,지금까지 나에 대한 관심과 응원, 지원에 대해서 마음을 담아 진정으로 인사를 하는 것이다. 앞으로 나의 상황이 어떻게 변할지 모르기 때문에,
이러한 인사메일을 소홀히 했을 경우는 대인관계나 거래처와의 관계에서 문제가 생길 수 있으므로 반드시 본인에게 특별한 변화가 생겼을 경우는, 그 취지와 인사를 하는 편이 좋다.

이메일편 (E-mail)

● 인사의 메일에서 정해진 표현

표 현	사용의 예
人事異動(じんじいどう) 인사이동	私(わたし)は人事異動(じんじいどう)により4月2日(がつふつか)より他(ほか)の部署(ぶしょ)に異動(いどう)しました。 나는 인사이동에 의해 4월 2일부터 다른 부서로 이동했습니다.
昇進(しょうしん) 승진	長年(ながねん)の激務(げきむ)の後(あと)、昇進(しょうしん)しました。 오랫동안의 격무 후, 승진했습니다.
栄転(えいてん) 영전(승진)	この度(たび)は大阪営業所(おおさかえいぎょうしょ)へのご栄転(えいてん)、お慶(よろこ)び申(もう)し上(あ)げます。 이번에는 오사카 영업소로의 영전, 경하말씀 드립니다.
退職(たいしょく) 퇴직	昨日(きのう)、30年間勤務(ねんかんきんむ)した会社(かいしゃ)を退職(たいしょく)しました。 어제 30년 간 근무했던 회사를 퇴직했습니다.
不慣(ふな)れ 서투름	英語(えいご)に不慣(ふな)れなので、スタッフが私(わたし)をカバーしてくれると思(おも)います。 영어가 서툴기 때문에, 스텝이 저를 커버해 줄 거라고 생각합니다.
協力(きょうりょく) 협력	彼(かれ)らは協力(きょうりょく)して働(はたら)くことに意見(いけん)がまとまりました。 그들은 협력해서 일하는 것으로 의견이 모아졌습니다.
命(めい)じる 명령하다	彼(かれ)は会社(かいしゃ)から6年間(ねんかん)のイギリス出向(しゅっこう)を命(めい)じられました。 그는 회사로부터 6년 간 영국에서 일할 것을 명령 받았습니다.
予定(よてい) 예정	5月(がつ)の会議(かいぎ)は開催(かいさい)される予定(よてい)です。 5월의 회의는 개최될 예정입니다.
本社(ほんしゃ) 본사	今後(こんご)のことを考(かんが)えて、本社(ほんしゃ)を東京(とうきょう)に移転(いてん)することになりました。 앞으로의 일을 생각해서, 본사를 도쿄로 이전하게 되었습니다.
支社(ししゃ) 지사	新事業(しんじぎょう)の監督権(かんとくけん)は本社(ほんしゃ)から支社(ししゃ)へ移(うつ)されました。 신 사업의 감독권은 본사에서 지사로 옮겨졌습니다.
営業所(えいぎょうしょ) 영업소	日本(にほん)に営業所(えいぎょうしょ)を設(もう)けている外国会社(がいこくがいしゃ)が多(おお)くなってきました。 일본에 영업소를 마련하고 있는 외국회사가 증가해 왔습니다..
生産現場(せいさんげんば) 생산현장	生産現場(せいさんげんば)の状況(じょうきょう)を反映(はんえい)して、作業指示(さぎょうしじ)を作成(さくせい)しました。 생산현장의 상황을 반영해서, 작업지시를 작성했습니다.
初(はじ)めて 처음	本社勤務(ほんしゃきんむ)は初(はじ)めてでした。 본사근무는 처음이었습니다.
精一杯(せいいっぱい) 열심히	精一杯頑張(せいいっぱいがんば)りますので、あなたの力(ちから)を貸(か)してください。 열심히 최선을 다할 테니, 당신의 힘을 빌려 주세요.
今後(こんご)とも 앞으로도	今後(こんご)ともあなたのご支援(しえん)をよろしくお願(ねが)い致(いた)します。 앞으로도 당신의 지원을 잘 부탁합니다.

41

표현	사용의 예
職場 (しょくば) 직장	あなたは今の仕事や職場に対してどの程度満足していますか？ 당신은 지금의 일이랑 직장에 대해서 어느 정도 만족하고 있습니까?
わざわざ 일부러	彼は私が困っている時に、わざわざ助けてくれました。 그는 내가 곤란할 때에 일부러 도와 주었습니다.
急なことで (きゅう) 갑작스런 일로	急なことでまともに挨拶することもできませんでした。 갑작스런 일로 제대로 인사를 할 수도 없었습니다..
成長 (せいちょう) 성장	弊社がこんなに成長したのも皆さんのおかげです。 저희 회사가 이렇게 성장했던 것도 여러분의 덕분입니다.
改めて (あらた) 새로이	後日改めてそれを注文いたします。 후일 새로이 그것을 주문하겠습니다.
配属 (はいぞく) 배속	私は希望と違う部署に配属されました。 나는 희망과 다른 부서에 배속되었습니다.
勤務 (きんむ) 근무	勤務中に休息する権利はあると思います。 근무 중에 휴식을 할 권리는 있다고 생각합니다.
見送る (みおく) 보류하다	今年は新入社員の募集を見送る予定です。 올해는 신입사원의 모집을 보류할 예정입니다.
迎える (むか) 맞이하다	迎えに来てくださってありがとうございます。 마중하러 와 주셔서 감사합니다.
飲み会 (の かい) 술자리	今日の飲み会は、会社の幹部連中が来るので、私は断れません。 오늘의 술자리는, 회사의 간부들이 오기 때문에 저는 거절할 수 없습니다.
ますます 점점 더	あなたのますますのご活躍を期待しております。 당신이 점점 더 활약하는 것을 기대하고 있습니다.
突然 (とつぜん) 돌연	突然のご連絡失礼いたしました。 갑작스런 연락, 실례했습니다.
平素 (へいそ) 평소	平素は格別のお引き立てをいただき、ありがとうございます。 평소는, 특별히 돌봐주셔서, 감사합니다.
格別 (かくべつ) 각별, 특별	格別のご愛顧を賜り、心よりお礼申し上げます。 특별히 애호를 해 주셔서, 마음으로 감사말씀 드립니다.
清栄 (せいえい) 번영	貴社ますますご清栄のことと、お喜び申し上げます。 귀사가 점점 더 번영하는 것, 경하말씀 드립니다.
早速 (さっそく) 즉시, 바로	早速ですが、一度弊社のご紹介のお時間をいただければと思います。 본론으로 들어가서, 한 번 저희 회사의 소개 시간을 주시면 감사히 생각하겠습니다.

이메일편 (E-mail)

표현	사용의 예
本来(ほんらい)であれば 본래라면	本来であれば伺(うかが)うべきところ、メールにて失礼(しつれい)ながらご挨拶(あいさつ)申(もう)し上(あ)げます。 본래라면 찾아 뵈어야 하는 바, 메일로 실례를 무릅쓰고 인사말씀 드립니다.
~に先立(さきだ)ち ~에 앞서	訪問(ほうもん)に先立ち、まずはメールにてご挨拶申し上げます。 방문에 앞서, 우선 메일로 인사말씀 드립니다.
万全(ばんぜん)の引継(ひきつ)ぎ 만전의 인계	万全の引継ぎをいたしますので、ご指導(しどう)くださいませ。 만전의 인계를 할 테니, 지도를 해주세요.
新卒(しんそつ)で 새내기로	新卒で入社(にゅうしゃ)し5年間(ねんかん)、メーカーのお客様(きゃくさま)を担当(たんとう)して参(まい)りました。 새내기로 입사한지 5년 간, 회사의 손님을 담당해 왔습니다.
お立(た)ち寄(よ)りくたさい 들러주세요	近(ちか)くにお越(こ)しの際(さい)はぜひお気軽(きがる)にお立ち寄りくたさい。 근처에 오실 때는 꼭 부담 없이 들러주세요.
公私(こうし)にわたって 공사에 걸쳐	公私にわたって文書(ぶんしょ)を出(だ)す機会(きかい)が増大(ぞうだい)するようになりました。 공사에 걸쳐 문서를 낼 기회가 증대하게 되었습니다.
お変(か)わりなく 별고 없이	お変わりなくお過(す)ごしでしょうか。 별고 없이 보내시고 계십니까?
実績(じっせき)を残(のこ)す 실적을 남기다	お陰(かげ)さまで新規開拓(しんきかいたく)においても実績を残すことができました。 덕분에 신규 개척에서도 실적을 남길 수가 있었습니다.
一日(いちにち)も早(はや)く 하루라도 빨리	一日も早くお役(やく)に立(た)てるよう努(つと)めます。 하루라도 빨리 도움이 될 수 있도록 노력하겠습니다.
お祈(いの)り申(もう)し上(あ)げます 기원 드리겠습니다	今後(こんご)ますますのご成功(せいこう)とご健康(けんこう)をお祈り申し上げます。 앞으로 점점 더 성공과 건강을 기원 드리겠습니다.
恐(おそ)れ入(い)りますが 죄송합니다만	恐れ入りますが、ご都合(つごう)のよい日時(にちじ)の候補(こうほ)を2~3つ返信(へんしん)くだされば幸(さいわ)いです。 죄송합니다만, 사정이 괜찮은 일시의 후보를 2~3개 답변해 주시면 감사하겠습니다.
所存(しょぞん)です 생각입니다	今年(ことし)もご期待(きたい)に添(そ)えられるよう、より一層(いっそう)努力(どりょく)する所存です。 올해도 기대에 부응할 수 있도록, 보다 더 한층 노력할 생각입니다.
返信(へんしん)は不要(ふよう) 답변은 불요	本(ほん)メールへのご返信は不要でございますので、お気遣(きづか)いなさらなくてもよろしいです。 본 메일에 대한 답변은 불요하니, 신경 쓰시지 않아도 괜찮습니다.

● 현장에서의 사용 예문_01

소개에 의한 약속인사

件名：アポイントメントのお願い(鈴木様よりご紹介を頂きました)

イロハ株式会社　マーケティング事業部 課長
野口 一郎 様

　初めまして。
　東京物産の鈴木様よりご紹介を頂きました、現代機工企画部の文と申します。
　初めてメールを送りました。
　この度は、貴重な機会をありがとうございます。
　早速ですが、一度、弊社のサービスご紹介のお時間を
　頂戴できればと思います。
　私は以下の時間帯であれば、貴社にお伺いできますが、
　野口様のご都合はいかがでしょうか？

　＜候補日時＞
　・〇〇月〇〇日(〇)〇〇：〇〇-〇〇：〇〇
　・〇〇月〇〇日(〇)〇〇：〇〇-〇〇：〇〇
　・〇〇月〇〇日(〇)〇〇：〇〇-〇〇：〇〇

　ご多忙な時期に申し訳ありませんが、何卒、よろしくお願いいたします。

===

現代機工　企画部　文 知恵（ムン ジ ヒェ）
zihye@hyundai.com
〒〇〇〇-〇〇〇〇　韓国ソウル市江南区現代ビル2-356
TEL：02-3333-9999(直通)　02-3333-8888(代表)
FAX：02-3333-7777
www.hyundai.com

● 현장에서의 사용 예문_02

거래처에 신년인사

竹中株式会社　営業部
弊社ご担当者 様

あけましておめでとうございます。
皆様体調など崩されてはいないでしょうか。
昨年は大変お世話になり、誠にありがとうございました。
心より御礼申し上げます。

本年も社員一同、皆様にご満足頂けるサービスを心がけて参りますので、
ぜひ昨年と変わらぬご愛顧を賜わりますよう、お願い申し上げます。
弊社は○月○日から通常営業となります。

本メールへのご返信は不要でございますので、お気遣いなさらぬよう、
よろしくお願いいたします。

平成○○年　１月○日

ウリ建設(株) 海外開発部一同

ウリ建設(株)
〒○○○-○○○○　韓国ソウル市江南区ウリビル2-356
TEL：02-3333-9999(直通)　02-3333-8888(代表)
FAX：02-3333-7777
www.uri.com

● 현장에서의 사용 예문_03

인사이동 인사

件名：お世話になります
岡本部長

　この度、人事異動により、総務部・経理課・課長を命ぜられました
松田太郎です。
　４月１日よりお世話になる予定ですので、何卒よろしくお願い致します。
名古屋営業所に５年、大阪営業所に４年と、関西を渡り歩いてきました
ので、東京のことはよく分かりません。
不慣れゆえなにかとお手間をとらせるかと存じますが、
ご指導・ご鞭撻、ならびにご協力のほどを重ねてお願い申し上げます。

==

総務部　松田　太郎
内線：123
matsuda@sakura.com

● 해석

소개에 의한 약속인사

건 명 : 약속의 부탁(스즈끼 님으로부터 소개를 받았습니다)
이로하 주식회사 마케팅사업부 과장
노구치 이치로 님

　처음 뵙겠습니다.
　도쿄물산 스즈끼 님으로부터 소개를 받은, 현대기공 기획부의 문입니다.
　처음 메일을 보냈습니다. 이번에 귀중한 기회를 주셔서 감사합니다.
　본론입니다만, 한 번 저희 회사의 서비스소개의 시간을 받을 수 있다면 좋겠다고 생각합니다.
　저는 이하의 시간대라면, 귀사에 방문할 수가 있습니다만, 노구치 님의 시간은 어떻습니까?

　<후보 일시>
　・ ○○월○○일(○)○○:○○-○○:○○
　・ ○○월○○일(○)○○:○○-○○:○○
　・ ○○월○○일(○)○○:○○-○○:○○

　바쁘신 시기에 죄송합니다만, 부디 잘 부탁 드립니다.

현대기공　기획부 문 지혜
zihye@hyundai.com
〒○○○-○○○○　한국 서울시 강남구 현대빌딩2-356
TEL : 02-3333-9999(직통)　02-3333-8888(대표)
FAX : 02-3333-7777
www.hyundai.com

거래처에 신년인사

타케나까 주식회사 영업부
저희 회사 담당자 님

　새해 복 많이 받으세요.
　여러분, 컨디션은 나쁘지 않으세요? 작년에는 매우 신세를 져서, 진심으로 감사합니다.
　마음으로 감사말씀 드립니다. 올해도, 사원 일동이, 여러분께 만족할 수 있는 서비스를
　명심해 갈테니. 올해도 꼭 작년과 변함 없는 애호를 주시도록 부탁말씀 드립니다.
　저희 회사는 ○월○일부터 통상영업을 합니다.
　본 메일에 대한 답변은 불요하고, 신경 쓰시지 않아도 괜찮으니, 잘 부탁합니다.

평성○○년　1월○일

　　　　　　　　　　　　　　　　　　　　　　　　　해외개발부 일동

우리건설(주)
〒○○○-○○○○　한국 서울시 강남구 우리빌딩2-356
TEL : 02-3333-9999(직통)　02-3333-8888(대표)
FAX : 02-3333-7777
www.uri.com

인사이동인사

건 명 : 신세를 졌습니다
오카모토 부장님

이번에 인사이동에 의해, 총무부, 경리과 과장으로 임명 받은 마쯔다 타로입니다.
4월 1일부터 신세를 질 예정이니 부디 잘 부탁 드립니다.
나고야 영업소에서 5년, 오사카 영업소에 4년으로, 칸사이를 전전해 왔기 때문에
도쿄는 잘 모릅니다.
익숙하지 않으므로 뭔가 수고를 끼칠 거라고 생각합니다만,
지도편달 및 협력을 거듭 부탁말씀 드립니다.

총무부   마쯔다 타로
내선 : 123
matsuda@sakura.com

● 어휘설명

04_의뢰

의뢰의 메일은, 상대방에게 부탁에 대한 양해를 받고, 일을 부드럽게 진행하기 위한 것이다.
의뢰의 내용이랑 희망을 가능한 한 구체적으로 나타내고, 부탁하는 상대방에 대한 배려를 잊지 않으며,
친절하게 대응할 것을 명심해야 한다.

● 의뢰의 메일에서 정해진 표현

표현	사용의 예
～していただけませんでしょうか ~해 주실 수 없겠습니까	経理部門とお話頂き、対処していただけませんでしょうか。 경리부문과 이야기를 해서, 대처해 주실 수 없겠습니까?
～させていただきたいのですが、お願いできますか ~하고 싶습니다만, 부탁할 수 있을까요	2週間で完成させていただきたいのですが、お願いできますか。 2주일로 완성하고 싶습니다만, 부탁할 수 있을까요?
ぜひお願いいたします 꼭 부탁합니다	ご検討のほど、ぜひお願いいたします。 검토, 꼭 부탁합니다.
お願いできればと存じます 부탁할 수 있으면 좋겠다고 생각합니다	検討いたしましたが、再度お見積りをお願いできればと存じます。 검토했습니다만, 재차 견적을 부탁할 수 있으면 좋겠다고 생각합니다.
ご依頼申し上げます 의뢰말씀 드립니다	至急見積書をご送付くださいますよう、ご依頼申し上げます。 즉시 견적서를 송부해 주시도록, 의뢰말씀 드립니다.
切にお願い申し上げる次第です 간절히 부탁 드리는 바입니다	ご承諾賜りますよう、切にお願い申し上げる次第です。 승낙을 받도록, 간절히 부탁 드리는 바입니다.
まことに厚かましいお願いですが 정말 염치없는 부탁입니다만	まことに厚かましいお願いですが、返却日を1週間ほど延期させていただけませんでしょうか。 정말 염치없는 부탁입니다만, 반납일을 1주일 정도 연기할 수 없을까요?
このようなことを申し出ましてご迷惑と存じますが 이러한 것을 말씀 드려 민폐라고 생각합니다만	このようなことを申し出ましてご迷惑と存じますが、なにとぞご協力のほど、よろしくお願いいたします。 이러한 것을 말씀 드려 민폐라고 생각합니다만, 부디 협력을 잘 부탁 드립니다.

이메일편 (E-mail)

표 현	사용의 예
身勝手きわまる申し入れとは承知しておりますが 매우 염치없는 요구라고는 알고 있습니다만	身勝手きわまる申し入れとは承知しておりますが、完成まで1週間の猶予をいただきたくお願いいたします。 매우 염치없는 요구라고는 알고 있습니다만, 완성까지 1주일의 유예를 받고 싶어서 부탁합니다.
まことに申しかねますが 정말 말씀 드리기 어렵습니다만	まことに申しかねますが、貴社との取引条件も多少緩和していただきたくお願い申し上げる次第でございます。 정말 말씀 드리기 어렵습니다만, 귀사와의 거래조건도 다소 완화해 받고 싶어서 부탁말씀 드리는 바입니다.
お願いするのは忍びない事ですが 부탁하는 것은 참을 수 없는 일입니다만	お願いするのは忍びないことですが、別の案を出していただきたく存じます。 부탁하는 것은 참을 수 없는 일입니다만, 다른 안을 제출해 받고 싶다고 생각합니다.
ご迷惑をおかけするのは心苦しいのですが 폐를 기치는 것은 마음이 괴로운 일입니다만	貴社にご迷惑をおかけするのは心苦しいのですがやむを得ないですのでご理解いただければ幸いと存じます。 귀사에 폐를 기치는 것은 마음이 괴로운 일입니다만, 어쩔 수 없기 때문에 이해해 주시면 감사하게 생각하겠습니다.
ぶしつけなお願いで 부탁하는 것은 참을 수 없는 일입니다만	ぶしつけなお願いで申し訳ないのですが、ご検討下さいますようお願いいたします。 무례한 부탁으로 죄송합니다만, 검토 해 주시도록 부탁합니다.
はなはだ勝手ながら 심히 염치없지만	はなはだ勝手ながら、ご来社の日時を変更していただきたくお願いいたします。 심히 염치없지만, 내사의 일시를 변경해 주시도록 부탁합니다.
このうえは～様におすがりするほかなく 이렇게 된 바에는 ～님에게 의지할 수 밖에 없어서	このうえは山田様におすがりするほかなく、お願い申し上げる次第です。 이렇게 된 바에는 야마다 님에게 의지할 수 밖에 없어서, 부탁말씀 드리는 바입니다.

표현	사용의 예
急（きゅう）なお願（ねが）いで 갑작스런 부탁으로	急（きゅう）なお願（ねが）いで恐縮（きょうしゅく）なのですが、お送（おく）りいただいた資料（しりょう）を再送願（さいそうねが）いませんでしょうか。 갑작스런 부탁으로 죄송합니다만, 보내 주신 자료를 재 송부 부탁드릴 수 없을까요?
内情（ないじょう）をお汲（く）み取（と）りいただき 내부 사정을 이해해 주시고	なにとぞ内情（ないじょう）をお汲（く）み取（と）りいただき、ご検討（けんとう）いただきたくお願（ねが）いいたします。 부디 내부 사정을 이해해 주시고, 검토해 주시도록 부탁합니다.
諸般（しょはん）の事情（じじょう）をお汲（く）み取（と）りいただき 여러 가지 사정을 이해해 주시고	なにとぞ諸般（しょはん）の事情（じじょう）をお汲（く）み取（と）りいただき、ご検討（けんとう）いただきたくお願（ねが）いいたします。 부디 여러 가지 사정을 이해해 주시고, 검토해 주시도록 부탁합니다.
諸事情（しょじじょう）ご勘案（かんあん）のうえ 모든 사정을 감안하고 나서	なにとぞ諸事情（しょじじょう）ご勘案（かんあん）のうえ、ご配慮（はいりょ）いただけますようお願（ねが）いいたします。 부디 모든 사정을 감안하고 나서, 배려해 주실 수 있도록 부탁합니다.
事情（じじょう）をお察（さっ）しいただき 사정을 살펴주시고	なにとぞ事情（じじょう）をお察（さっ）しいただき、ご承諾（しょうだく）いただけますようお願（ねが）いいたします。 부디 사정을 살펴 주시고, 승낙해 주실 수 있도록 부탁합니다.
突然（とつぜん）のお願（ねが）いで 갑작스런 부탁으로	突然（とつぜん）のお願（ねが）いで恐縮（きょうしゅく）ですが、何卒（なにとぞ）よろしくお願（ねが）い申（もう）し上（あ）げます。 갑작스런 부탁으로 죄송합니다만, 부디 잘 부탁 드립니다.
窮状（きゅうじょう）をお察（さっ）しいただき 궁핍한 상황을 이해하시고	なにとぞ窮状（きゅうじょう）をお察（さっ）しいただき、ご協力（きょうりょく）いただけますようお願（ねが）いいたします。 부디 궁핍한 상황을 이해하시고, 협력해 주실 수 있도록 부탁 드립니다.
万一（まんいち）お願（ねが）いする先（さき）が間違（まちが）っておりましたら 만일 부탁하는 곳이 틀렸다면	万一（まんいち）お願（ねが）いする先（さき）が間違（まちが）っておりましたら、申（もう）し訳（わけ）ありません。 만일 부탁하는 곳이 틀렸다면 죄송합니다.
○○様（さま）に伺（うかが）うことではないかもしれませんが ○○님에게 여쭐 일이 아닐지도 모르겠지만	○○様（さま）に伺（うかが）うことではないかもしれませんが、もしご存（ぞん）じでしたらお教（おし）えください。 ○○님에게 여쭐 일이 아닐지도 모르겠지만, 만일 알고 계신다면 가르쳐 주세요.

이메일편 (E-mail)

표 현	사용의 예
願(ねが)えませんでしょうか 부탁할 수 없을까요?	ご教授(きょうじゅ)願(ねが)えませんでしょうか。 가르침, 부탁할 수 없을까요?
どなたに伺(うかが)ったらよいものか悩(なや)んだ末(すえ) 어느 분에게 여쭈면 좋을지 고민한 끝에	どなたに伺(うかが)ったらよいものか悩(なや)んだ末(すえ)、鈴木(すずき)様(さま)に相談(そうだん)させていただこうと思(おも)いました。 어느 분께 여쭈면 좋을지 고민한 끝에, 스즈끼 님께 상담하려고 생각했습니다.
他(ほか)に適任(てきにん)と思(おも)われる方(かた)がいらっしゃいましたら 그 외에 적임이라고 생각하시는 분이 계시다면	他(ほか)に適任(てきにん)と思(おも)われる方(かた)がいらっしゃいましたら、お手数(てすう)ですがご紹介(しょうかい)いただければ幸(さいわ)いです。 그 외에 적임이라고 생각하시는 분이 계시다면, 수고스럽지만, 소개해 주시면 감사하겠습니다.
どちらに伺(うかが)ったらよいか 어느 분께 여쭈면 좋을지	どちらに伺(うかが)ったらよいか、お心当(こころあ)たりがございましたらお教(おし)えください。 어느 분께 여쭈면 좋을지, 짐작하시는 분이 있으시면 가르쳐 주세요.
恐(おそ)れ入(い)りますが 죄송합니다만	恐(おそ)れ入(い)りますが、ご返事(へんじ)は10月(がつ)15日(にち)までにお願(ねが)い致(いた)します。 죄송합니다만 답변은 10월 15일까지 부탁합니다.
まことに恐(おそ)れながら 진심으로 죄송합니다만	まことに恐(おそ)れながら、ご協力(きょうりょく)のほどお願(ねが)い申(もう)し上(あ)げます。 진심으로 죄송합니다만, 협력 부탁말씀 드립니다.
ご無理(むり)を承知(しょうち)で申(もう)し上(あ)げますが 무리한 것이라고 알고 말씀 드립니다만	ご無理(むり)を承知(しょうち)で申(もう)し上(あ)げますが、会議時間(かいぎじかん)の変更(へんこう)のほどご依頼(いらい)申(もう)し上(あ)げます。 무리한 것이라고 알고 말씀 드립니다만, 회의시간의 변경을 의뢰말씀 드립니다.

● 현장에서의 사용 예문_01

견적서 송부의 의뢰

件名：お見積りの送付
株式会社小林工務店
営業部　田中　様

　いつも大変お世話になっております。
　株式会社アイナビの厳と申します。
　先日は足元の悪い中、ご足労いただきありがとうございました。
　早速ですが、ご説明いただいた貴社の商品に興味がございますので、
　下記の内容でお見積りを送付いただきますようお願いいたします。

　　　　　　　　　　　　　　　記

1. 商　品　名：○○○○（品番111-111X）
2. 数　　　量：200個
3. 価　　　格：1,000,000円（単価：5,000円）
4. 納　　　期：2017年10月20日

　お忙しいところお手数をおかけいたしますが、
　よろしくお願いいたします。

===

株式会社　アイナビ　第一海外営業部　厳　在完
 　　　　　　　　　　　　　　　　　　（オム　ジェワン）
jaewann@ainavi.co.kr
〒○○○-○○○○　韓国ソウル市江南区現代ビル2-356
TEL：02-3333-9999(直通)　02-3333-8888(代表)
FAX：02-3333-7777
www.ainavi.com

현장에서의 사용 예문_02

상품설명의 의뢰

件名：新商品のご案内
大和株式会社
営業部　佐藤　様

　平素より格別のお引き立てありがとうございます。
　株式会社三雨の李と申します。

　弊社の新商品モモがようやく完成しました。
　開発部の技術者たちが昼夜を問わず作業に没頭し
　総力を結集して作り上げた自信作です。
　来月の発売を前に新聞・業界誌各社から相次いで
　取材の申し込みを受けております。
　いつも大変お世話になっております佐藤様には
　いち早くご案内いたしたく、ご連絡いたしました。
　お忙しいことと存じますが、
　一度、お時間をいただき、
　商品のご説明をさせていただけませんでしょうか。
　ご多忙な時期に申し訳ありませんが、
　ご検討の程、何卒よろしくお願いいたします。

株式会社　三雨　李 民宇(リ ミンウ)
minwoo@ainavi.co.kr
〒○○○-○○○○　韓国ソウル市江南区現代ビル2-356
TEL：02-3333-9999(直通)　02-3333-8888(代表)
FAX：02-3333-7777
www.samwoo.com

● 현장에서의 사용 예문_03

주문의 의뢰

件名：商品の注文
コモロ株式会社
大村　博　様

　いつも大変お世話になっております。
　株式会社国際、営業部の金です。
　先日は貴社製品カタログをお送りいただき、ありがとうございます。
　早速ですが、その中から製品「マルマル」を購入します。
　下記の内容で、注文をいただきたく存じます。

　　　　　　　　　　　　　　記

　品目　　○○
　数量　　１０ケース
　納期　　○月○日まで
　決済方法　　翌月末銀行振り込み

　まずは、取り急ぎご依頼まで。

株式会社　国際　営業部　金　在銀
　　　　　　　　　　　　（キム　ゼ　オン）
jaeeun@gukjei.co.kr
〒○○○-○○○○　韓国ソウル市江南区現代ビル2-356
TEL：02-3333-9999(直通)　02-3333-8888(代表)
FAX：02-3333-7777
www.gukjei.com

이메일편 (E-mail)

● 해석

견적서 송부의 의뢰

건 명 : 견적의 송부
주식회사 코바야시공무점
영업부 다나까 님

항상 매우 신세를 지고 있습니다.
주식회사 아이나비의 엄이라고 합니다.
전날은 오시기 힘드심에도 와 주셔서 감사했습니다.
본론입니다만, 설명해 주신 귀사의 상품에 흥미가 있으니,
하기의 내용으로 견적을 송부해 주시도록 부탁 드립니다.

기

1. 상품명 : ○○○○(품번111-111X)
2. 수 량 : 200개
3. 가 격 : 1,000,000엔 (단가 : 5,000엔)
4. 납 기 : 2017년10월20일

바쁘신 중에 수고를 끼쳤습니다만, 잘 부탁 드립니다.

주식회사 아이나비   제일해외영업부   엄 재완
jaewann@ainavi.co.kr
〒○○○-○○○○ 한국 서울시 강남구 아이나비건물 2-356
TEL : 02-3333-9999(직통) 02-3333-8888(대표)
FAX : 02-3333-7777
www.ainavi.com

상품설명의 의뢰

건 명 : 신상품의 안내
대화주식회사
영업부 사토 님

평소부터 특별한 보살핌에 감사합니다. 주식회사 삼우의 이라고 합니다.
저희 회사의 신상품 모모가 겨우 완성되었습니다.
개발부의 기술자들이 주야를 불문하고 작업에 몰두하며, 총력을 결집하여 완성시킨 자신작입니다.
다음 달 발매를 앞두고 신문, 업계잡지 각 사로부터 잇달아 취재의 신청을 받고 있습니다.
항상 신세를 졌던 사토 님에게는 한시라도 빨리 안내하고 싶어서 연락했습니다.
바쁘실 거라고 생각합니다만, 한 번 시간을 주셔서, 상품의 설명을 할 수 없겠습니까?
바쁜 시기에 죄송합니다만, 부디 검토를 잘 부탁합니다.

주식회사 삼우 이민우
minwoo@ainavi.co.kr
한국 서울시 강남구 아이나비건물 2-356
TEL : 02-3333-9999(직통) 02-3333-8888(대표)
FAX : 02-3333-7777
www.samwoo.com

주문의 의뢰

건 명 : 상품의 주문
코모로 주식회사
오무라 히로시 님

    항상 매우 신세를 지고 있습니다.
    주식회사 국제, 영업부의 김입니다.
    전날은 귀사제품 카탈로그를 보내주셔서 감사합니다.
    본론입니다만, 그 중에서 제품「마루마루」를 구입하겠습니다.
    하기의 내용으로 주문을 하고 싶다고 생각합니다.

                                     기

    품목   ○○
    수량   １０케이스
    납기   ○월○일까지
    결제방법   다음 달 말 은행이체

    우선은 급히 의뢰합니다..

주식회가 국제 영업부 김 재은
jaeeun@gukjei.co.kr
한국 서울시 강남구 아이나비건물 2-356
TEL : 02-3333-9999(직통)　02-3333-8888(대표)
FAX : 02-3333-7777
www.gukjei.com

● 어휘설명

05_통지

통지메일은, 정확한 정보를 사원끼리 공유하고, 일을 부드럽게 진행하기 위한 것이다.
통지내용을 이해하기 쉽게 정리해서 쓰고,사원의 업무에 지장을 초래하지 않도록 하자.

● 통지의 메일에서 정해진 표현

표현	사용의 예
表記（ひょうき） 표기	このサイトはすべて英語（えいご）で表記（ひょうき）されています。 이 사이트는 전부 영어로 표기되어 있습니다.
開催（かいさい） 개최	二（ふた）つの会議（かいぎ）を開催（かいさい）することを提案（ていあん）します。 두 개의 회의를 개최하는 것을 제안합니다.
業務（ぎょうむ） 업무	業務（ぎょうむ）に関（かん）する帳簿（ちょうぼ）及（およ）び資料（しりょう）を調（しら）べました。 업무에 관한 장부 및 자료를 조사했습니다.
参加（さんか） 참가	初心者（しょしんしゃ）でも参加（さんか）できますか。 초심자라도 참가할 수 있습니까?
会議室（かいぎしつ） 회의실	マーケティング会議（かいぎ）は、B会議室（かいぎしつ）からD会議室（かいぎしつ）へ変更（へんこう）になりました。 마케팅회의는, B회의실에서 D회의실로 변경되었습니다.
日時（にちじ） 일시	この記事（きじ）のすべての日時（にちじ）は日本時間（にほんじかん）に従（したが）っています。 이 기사의 모든 일시는 일본시간에 따르고 있습니다.
各位（かくい） 각위, 여러분	プロジェクトの展望（てんぼう）について、各位（かくい）のご意見（いけん）を伺（うかが）いたいと思（おも）います。 프로젝트의 전망에 대해서, 여러분의 의견을 여쭙고 싶다고 생각합니다.
定例会（ていれいかい） 정례회	定例会（ていれいかい）の日程調整（にっていちょうせい）メールをいただきました。 정례회의 일정조정메일을 받았습니다.
出席（しゅっせき） 출석	その会議（かいぎ）には私の上司（じょうし）が出席（しゅっせき）する予定（よてい）です。 그 회의에는 저의 상사가 출석할 예정입니다.
添付（てんぷ） 첨부	各項目（かくこうもく）をまとめたファイルを添付（てんぷ）します。 각 항목을 정리한 파일을 첨부하겠습니다.
あらかじめ 미리	あらかじめ、いくつかのプログラムを用意（ようい）しました。 미리, 몇 갠가의 프로그램을 준비했습니다.
提出（ていしゅつ） 제출	報告書（ほうこくしょ）の提出（ていしゅつ）を忘（わす）れないでください。 보고서의 제출을 잊지 말아 주세요.
多数（たすう） 다수	多数（たすう）の申込者（もうしこみしゃ）の中（なか）から彼（かれ）が選（えら）ばれました。 다수의 신청자 중에서 그가 뽑혔습니다.
全員（ぜんいん） 전원	あなたの行動（こうどう）で私たち全員（ぜんいん）の品位（ひんい）が落（お）ちてしまいました。 당신의 행동으로 우리들 전원의 품위가 떨어져 버렸습니다.
資料（しりょう） 자료	資料（しりょう）の不備（ふび）で競争（きょうそう）で負（ま）けてしまいました。 자료의 미비로 경쟁에서 패해버렸습니다.

이메일편 (E-mail)

표 현	사용의 예
別紙 (べっし) 별지	詳細は別紙を参照して下さい。 상세한 것은 별지를 참조해 주세요.
精読 (せいどく) 정독	手当たり次第に多くの本を読むよりも、少数の本を精読する方がよい。 손에 잡히는 대로 많은 책을 읽는 것보다도, 소수의 책을 정독하는 편이 좋다.
持参 (じさん) 지참	請求書は商社に持参して行ってください。 청구서는 상사에 지참해서 가 주세요.
事前 (じぜん) 사전	事前に了解を得ることが何よりです。 사전에 양해를 얻는 것이 무엇보다 중요합니다.
同席 (どうせき) 동석	この会議には通訳者が同席する予定です。 이 회의에는 통역자가 동석할 예정입니다.
お知らせ 알림	それが決まり次第、私はそれをあなたにお知らせします。 그것이 결정되는 대로, 나는 그것을 당신에게 알리겠습니다.
本年度 (ほんねんど) 본 년도	本年度の収入は昨年度に比較して100万円の減少です。 본 년도의 수입은 작년도와 비교해서 100만 엔 감소입니다.
経費 (けいひ) 경비	今月中に経費処理する必要があります。 이번 달 중에 경비 처리할 필요가 있습니다.
黒字 (くろじ) 흑자	会計上は黒字だが、不良在庫過多のために黒字倒産しそうです。 회계 상은 흑자이지만, 불량재고과다 때문에 흑자 도산할 것 같습니다.
赤字 (あかじ) 적자	会社は赤字経営で倒産しました。 회사는 적자경영으로 도산했습니다.
腹案 (ふくあん) 복안	具体的な腹案があればいつでも言ってください。 구체적인 복안이 있으면 언제든지 말해 주세요.
送別会 (そうべつかい) 송별회	上司が私のために送別会を開いてくれました。 상사가 나를 위해서 송별회를 열어 주었습니다.
研修 (けんしゅう) 연수	リーダー研修で楽しい時間を過ごすことができました。 리더연수에서 즐거운 시간을 보낼 수가 있었습니다.
決定 (けってい) 결정	会社の移転先はまだ決定していないです。 회사의 이전 처는 아직 결정되지 않았습니다.
施策 (しさく) 시책	意識改革の施策を打っていく段階になってきました。 의식개혁의 시책을 타진해 갈 단계가 되었습니다.
伴う (ともなう) 동반하다	この事業は大きな損失または犠牲を伴うでしょう。 이 사업은 큰 손실 또는 희생을 동반하겠죠.

표현	사용의 예
上半期(かみはんき) 상반기	円高(えんだか)のため上半期(かみはんき)の利益(りえき)が相殺(そうさい)されてしまいました。 엔고 때문에 상반기의 이익이 상쇄되어 버렸습니다.
下半期(しもはんき) 하반기	下半期(しもはんき)の事業(じぎょう)の概況(がいきょう)についてご説明申(せつめいもう)し上(あ)げます。 하반기의 사업 개황에 대해서 설명 드리겠습니다.
日程(にってい) 일정	あなたの滞在日程(たいざいにってい)を教(おし)えてください。 당신의 체류일정을 가르쳐 주세요.
実施(じっし) 실시	コンピュータの研修会(けんしゅうかい)を実施(じっし)する予定(よてい)です。 컴퓨터의 연수회를 실시할 예정입니다.
通知(つうち) 통지	早(はや)めにご通知(つうち)いただき、たいへん助(たす)かりました。 빨리 통지를 받아, 매우 도움이 되었습니다.
設定(せってい) 설정	以上(いじょう)で、全(すべ)ての設定(せってい)が完了(かんりょう)しました。 이상으로, 모든 설정이 완료되었습니다.
記録(きろく) 기록	実行(じっこう)するたびに時間(じかん)についての情報(じょうほう)を記録(きろく)します。 실행할 때마다 시간에 대한 정보를 기록합니다.
不在(ふざい) 부재	私(わたし)はこの日(ひ)は不在(ふざい)なので面会(めんかい)できません。 나는 이 날은 부재이기 때문에 면회할 수 없습니다.
記(しる)す 나타내다	できるだけ多(おお)くのデータを記(しる)すべきです。 가능한 한 많은 데이터를 나타내어야만 합니다.
済(す)ませる 마치다	私(わたし)たちは部長(ぶちょう)が来(く)るまでにこの仕事(しごと)を済(す)ませなければなりません。 우리들은 부장님이 올 때까지 이 일을 끝내야만 합니다.
一部(いちぶ) 일부	書類(しょるい)に一部誤字(いちぶごじ)を発見(はっけん)しました。 서류에 일부 오자를 발견했습니다.
同日付(どうじつづけ) 동일 부	同日付(どうじつづけ)で大阪支店(おおさかしてん)に行(い)くことになりました。 동일 부로 오사카지점으로 가게 되었습니다.
私的(してき) 사적	公的(こうてき)な立場(たちば)と私的(してき)な立場(たちば)を区別(くべつ)しなければなりません。 공적인 입장과 사적인 입장을 구별해야만 합니다.
控(ひか)える 삼가다	会社(かいしゃ)では、仕事以外(しごといがい)のことは控(ひか)えるべきです。 회사에서는 일 이외의 일은 삼가 해야만 합니다.
復帰(ふっき) 복귀	会社(かいしゃ)が正常化(せいじょうか)となって、解雇者(かいこしゃ)みんな復帰(ふっき)しました。 회사가 정상화가 되어, 해고자 모두 복귀했습니다.

● 현장에서의 사용 예문_01

담당자 변경의 통지

件名：担当者変更のご連絡
株式会社ベスト電気
管理部　長島　様

　海外営業部の厳です。
　この度、年度初めの異動に伴い一部担当者が変更となりますので、お知らせします。
　5月1日付で、新たに崔志英(チェジヨン)が日本担当となります。
　崔はアメリカ担当からの異動です。
　当面、国際課の課長の姜同勲(ガンドンフン)とともに、業務にあたってもらうことになります。
　日本担当だった李準栄(リズンヨン)は、同日付で総務部に異動となります。
　また、同日より海外営業も崔さんが管理します。
　品質管理・送金・注文等に関するお尋ねは崔、または課長の姜にお願いします。
　なお、4月31日までは、担当が李ですのでご承知ください。
　その他の変更はありません。
　ご質問などは、国際課にお問い合わせください。

　以上よろしくご協力お願いいたします。
==

株式会社　アイナビ　海外営業部　　厳　在完(オム ジェワン)
jaewann@ainavi.co.kr
〒○○○-○○○○　韓国ソウル市江南区現代ビル2-356
TEL：02-3333-9999(直通)　02-3333-8888(代表)
FAX：02-3333-7777
www.ainavi.com

● 현장에서의 사용 예문_02

하기휴가에 관한 통지

件名：夏期休暇に関する通知
ヨドバシカメラ
海外開発部　伊藤　様

　今年度の夏期休暇は下記の通りとなりますので連絡します。

＜実施期間＞
・２０１８年０７月２９日(月曜)～２０１８年０８月０４日(日曜)

＜休暇日数＞
・上記期間中にそれぞれ７日間

上記の期間、夏休みをとらせていただきます。
念のため、進行中のプロジェクトの書類は総務課の金に預けておきました。
また、動きがありそうな案件についても、総務課の金にフォローをお願いしました。
なお、私の携帯電話は、010-1234-5678です。
ご迷惑をおかけしますが、よろしくお願いします。

株式会社　アイナビ　海外営業部　厳　在完 (オム　ジェワン)
jaewann@ainavi.co.kr
〒○○○-○○○○　韓国ソウル市江南区現代ビル2-356
TEL：02-3333-9999(直通)　02-3333-8888(代表)
FAX：02-3333-7777
www.ainavi.com

● 현장에서의 사용 예문_03

신규거래의 통지

件名：新規取引のお願い
イロハバッグ株式会社
販売部　販促ご担当者　様

　時下ますますご清栄のこととお喜び申し上げます。
　バッグの販売企画をしております、株式会社オグ営業部の金と申します。
　この度は、突然のメールで恐縮でございますが、
　貴社と新規に取引をお願いいたしたく、ご連絡を差し上げた次第です。
　弊社では、自社で一貫した管理体制のもと、若い女性を対象にした製品を
　企画・販売しており、韓国のソウルを中心に、小売店様とお取引をいただい
　て おります。
　今回、新たにアジアへの販路拡大を図りたいと考えていたところ、
　貴社のご隆盛を承り、是非ともお取引願いたいと存じた次第です。
　つきましては、一度貴社にお伺いし、ご挨拶をさせていただければと存じます。
　貴社のご都合に合わせてお伺いいたしますので、ご検討の上、お返事いただ
　ければ幸いです。
　なお、弊社の実績・事業内容などにつきましては、下記のリンクより弊社会
　社概要をご高覧下さい。
　→http://www.xxxxx.co.kr/xxxx.pdf
　まずはメールにて、
　新規お取引のお願いまで申し上げます。

株式会社 オグ　営業部　金 英照（キム ヨン ヒ）
younghi@ogu.co.kr
〒◯◯◯-◯◯◯◯　韓国ソウル市江南区オグビル2-356
TEL：02-3333-9999(直通)　02-3333-8888(代表)
FAX：02-3333-7777
www.ogu.com

● 해석

담당자 변경의 통지

건 명 : 담당자 변경의 연락
주식회사 베스트전기
관리부 나가시마 님

  해외영업부의 엄입니다.
  이번, 연도 첫 인사이동에 따라 일부 담당자가 변경이 되었기에 알려드립니다.
  5월 1일부로 새롭게 최지영이 일본담당이 되었습니다.
  최는 미국담당에서의 인사이동입니다.
  당면, 국제과의 과장인 강동훈과 함께 업무에 임하게 되었습니다.
  일본담당이었던 이준영은, 동일 부로 총무부로 인사 이동되었습니다.
  품질관리, 송금, 주문 등에 관한 질문은, 최, 또는 과장인 강에게 부탁합니다.
  그리고, 4월 31일까지는 담당이 이이기 때문에 알아주세요.
  그 외의 변경은 없습니다.
  질문 등은, 국제과로 문의해 주세요.
  이상 협력을 잘 부탁합니다.

주식회사 아이나비　　해외영업부　　엄 재완
jaewann@ainavi.co.kr
〒○○○-○○○○　　한국 서울시 강남구 아이나비건물 2-356
TEL : 02-3333-9999(직통)　02-3333-8888(대표)
FAX : 02-3333-7777
www.ainavi.com

하기휴가에 관한 통지

건 명 : 하기 휴가에 관한 통지
요도바시 카메라
해외개발부 이토 님

  금년도의 하기휴가는 하기 대로 되었기에 연락합니다.
  <실시기간>
  ・２０１８년０７월２９일(월요일)~２０１８년０８월０４일(일요일)
  <휴가일수>
  ・상기 기간 중에 제 각각 7일 간

이메일편 (E-mail)

상기의 기간, 여름휴가를 잡겠습니다.
만일을 위해, 진행 중인 프로젝트의 서류는 총무과의 김에게 맡겨 두었습니다.
또, 변동이 있을 법한 안건에 대해서도, 총무과의 김에게 보조를 부탁했습니다.
그리고, 저의 휴대폰은, 010-1234-5678입니다.
폐를 끼칩니다만, 잘 부탁합니다.

주식회사 아이나비   해외영업부   엄 재완
jaewann@ainavi.co.kr
〒○○○-○○○○   한국 서울시 강남구 아이나비건물 2-356
TEL : 02-3333-9999(직통) 02-3333-8888(대표)
FAX : 02-3333-7777
www.ainavi.com

신규거래의 통지

건 명 : 신규거래의 부탁
이로하 백 주식회사
판매부 판촉 담당자 님

요즘 점점 더 발전하고 있는 것을 경하말씀 드립니다.
가방의 판매기획을 하고 있는 주식회사 오그 영업부 김이라고 합니다.
이번에, 갑작스런 메일로 죄송합니다만, 귀사와 신규로 거래를 부탁하고 싶어서,
연락을 드렸든 바입니다.
저희 회사에서는 자사에서 일관된 관리체계 하에서, 젊은 여성을 대상으로 한 제품을
기획, 판매하고 있으며, 한국의 서울을 중심으로 소매점과 거래를 하고 있습니다.
이번에 새롭게 아시아로의 판로확대를 도고하고 싶다고 생각하고 있었던 중에,
귀사의 번성함을 듣고, 꼭 거래를 하고 싶다고 생각하는 바입니다.
그런고로, 한 번 귀사를 찾아 뵙고, 인사를 드릴 수 있다면 감사히 생각하겠습니다.
검토하신 후, 답변해 주시면 고맙겠습니다.
그리고, 저희 회사의 실적, 사업내용 등에 대해서는, 하기의 아래의 링크에서 저희 회사개요를
보시기 바랍니다.
→http://www.xxxxx.co.kr/xxxx.pdf

우선은 메일로, 신규 거래의 부탁 말씀을 드립니다.

주식회사 오그   영업부 김 영희
younghi@ogu.co.kr
〒○○○-○○○○   한국 서울시 강남구 오구건물 2-356
TEL : 02-3333-9999(직통) 02-3333-8888(대표)
FAX : 02-3333-7777
www.ogu.com

● 어휘설명

06_안내

안내메일은, 어떤 것(물건이나 기획, 전시회, 회의 등)의 매력이나 특징을 알려서, 참가나 출석 등을 재촉하는 것이다. 일시, 요일, 장소, 내용을 이해하기 쉽게 쓰고, 적극적으로 출석과 참가를 요구하도록 하자.

● 안내의 메일에서 정해진 표현

표현	사용의 예
かねて 예전	かねての計画どおり行ってください。 예전의 계획대로 행해 주세요.
交渉 교섭	交渉は一応実を結びました。 교섭은 일단 결실을 맺었습니다.
〜を通じて 〜을 통해서	メールを通じてあなたと知り合えて私も嬉しいです。 이 메일을 통해서 당신과 알수 있게 되어 저도 기쁩니다.
のみ 뿐, 만	この新聞社は夕刊のみ発行しています。 이 신문사는 석간만 발행하고 있습니다.
資格 자격	従業員に資格手当てを与えるつもりです。 종업원에게 자격(증)수당을 줄 생각입니다.
申し込み 신청	インターネットでのお申し込みは24時間受け付けております。 인터넷에서의 신청은 24시간 접수하고 있습니다.
先着順 선착순	当日は先着順に整理券をお配りいたします。 당일은 선착순으로 정리권(번호표)를 나누어 드리겠습니다.
予約 예약	チケット予約システムに問題が生じて苦労しました。 티켓예약시스템에 문제가 발생하여 고생했습니다.
不明 불명확	ご不明な点などがございましたらいつでもお尋ねください。 불명확한 점 등이 있으시면 언제든지 질문해 주세요.
一報 알림	あちらへお着きになったらご一報下さい。 그쪽에 도착하시면 연락주세요.
プラン 플랜, 계획	私はその仕事に合うプランを立てました。 나는 그 일에 맞는 계획을 세웠습니다.
厚生 후생	従業員の福利厚生のための施設をたくさん作りました。 종업원의 복리후생을 위한 시설을 많이 만들었습니다.
以内 이내	要旨の長さは500語以内とします。 요지의 길이는 500글자 이내로 합니다.
年齢 연령	年齢を問わず、みんな参加できます。 연령을 불문하고, 모두 참가할 수 있습니다.
性別 성별	性別による賃金格差は解消されるべきです。 성별에 의한 임금격차는 해소되어야만 합니다.

이메일편 (E-mail)

표현	사용의 예
前(まえ)もって 미리	インタビューは生(なま)ではなく前(まえ)もって録画(ろくが)されたものでした。 인터뷰는 생방송이 아니고 미리 녹화된 것이었습니다.
記入(きにゅう) 기입	この用紙(ようし)に必須事項(ひっすじこう)を記入(きにゅう)してください。 이 용지에 필수사항을 기입해 주세요.
所属長(しょぞくちょう) 소속장	外国(がいこく)に行(い)くには所属長(しょぞくちょう)の許可(きょか)が要(い)ります。 외국에 가려면 소속장의 허가가 필요합니다.
歓迎会(かんげいかい) 환영회	今日(きょう)は歓迎会(かんげいかい)の準備(じゅんび)で目(め)が回(まわ)るほど忙(いそが)しかったです。 오늘은 환영회의 준비로 눈이 핑핑 돌 정도로 바빴습니다.
展示会(てんじかい) 전시회	私(わたし)は会長(かいちょう)の代理(だいり)でその展示会(てんじかい)に出席(しゅっせき)しました。 나는 회장의 대리로 그 전시회에 출석했습니다.
親睦(しんぼく) 친목	参加者同士(さんかしゃどうし)の親睦(しんぼく)を深(ふか)めるために、多数(たすう)の皆様(みなさま)のご参加(さんか)をお待(ま)ちしております。 참가자끼리 친목을 깊게 하기 위해, 다수의 여러분의 참가를 기다리고 있습니다.
深(ふか)める 심화하다	さらに検討(けんとう)を深(ふか)めるためには、もっと時間(じかん)が必要(ひつよう)です。 더 한층 검토를 심화하기 위해서는, 더욱 시간이 필요합니다.
コンペ 시합, 대회	私(わたし)は今度(こんど)のゴルフコンペで優勝(ゆうしょう)したいです。 나는 이번의 골프대회에서 우승하고 싶습니다.
終了(しゅうりょう) 종료	その製品(せいひん)は去年(きょねん)、生産終了(せいさんしゅうりょう)しました。 그 제품은 작년에 생산 종료했습니다.
創立記念日(そうりつきねんび) 창립기념일	来週(らいしゅう)の今日(きょう)は創立記念日(そうりつきねんび)なので休(やす)みます。 다음 주의 오늘은, 창립기념일이기 때문에 쉽니다.
配布(はいふ) 배포	プレゼンで配布(はいふ)する資料(しりょう)の用意(ようい)はできていますか。 프레젠테이션에서 배포한 자료의 준비는 되었습니까?
催(もよお)し 행사	降雨(こうう)のため催(もよお)しが中止(ちゅうし)になりました。 강우 때문에 행사가 중지되었습니다.
参加費(さんかひ) 참가비	参加費(さんかひ)の払(はら)い戻(もど)しはできませんのであらかじめご了解(りょうかい)ください。 참가비의 환불은 불가능하기 때문에 미리 양해해 주세요.
詳細(しょうさい) 상세	詳細(しょうさい)は不明(ふめい)だが機械(きかい)のトラブルから発生(はっせい)したと見(み)られます。 상세한 것은 불명확하지만 기계 문제에서 발생한 것으로 보여집니다.
掲載(けいさい) 게재	機関誌(きかんし)に掲載(けいさい)する広告原稿(こうこくげんこう)を送(おく)りました。 기관지에 게재할 광고원고를 보냈습니다.

표현	사용의 예
講習会（こうしゅうかい） 강습회	あなたの講習会は非常に参考になりました。 당신의 강습회는 매우 참고가 되었습니다.
～向（む）け ~용	このおもちゃは現在でも子供向けで広く流通しています。 이 장난감은 현재도 어린이 용으로 넓게 유통되고 있습니다.
受講（じゅこう） 수강	あなたは彼らのクラスを受講するのが初めてですか？ 당신은 그들의 클래스를 수강하는 것이 처음입니까?
勧（すす）める 권유하다	銀行口座からの引き落としのご利用をお勧めします。 은행구좌에서의 자동납부의 이용을 권유합니다.
希望者（きぼうしゃ） 희망자	就職希望者のためのメイク講座が開かれました。 취직희망자를 위한 메이크업 강좌가 열렸습니다.
調整（ちょうせい） 조정	あなたがそれを調整してくれると私は助かります。 당신이 그것을 조정해 주면 저는 도움이 됩니다.
若干名（じゃっかんめい） 약간 명	京都支店の店舗スタッフを若干名募集しています。 교토지점의 점포직원을 약간 명 모집하고 있습니다.
広報課（こうほうか） 홍보과	広報課の電話番号は内線の008です。 홍보과의 전화번호는 내선 008입니다.
支援（しえん） 지원	私たちとしては、この会議を最大限支援していきたいと考えています。 저희들로서는, 이 회의를 최대한 지원해 가고 싶다고 생각하고 있습니다.
効率化（こうりつか） 효율화	効率化のため作業を分担してやっています。 효율화를 위해 작업을 분담해서 하고 있습니다.
選任（せんにん） 선임	名簿に登録された代理人のみが選任されることができます。 명부에 등록된 대리인만이 선임될 수가 있습니다.
氏名（しめい） 성명	氏名並びに職業を記入してください。 성명 및 직업을 기입해 주세요.
新年会（しんねんかい） 신년회	お酒は新年会に欠かせないものでしょうか。 술은 신년회에 빼 수 없는 것일까요?
恒例（こうれい） 항례, 정기	毎年恒例の夏の「クールビズ」キャンペーンが6月1日に始まります。 매년 정기 여름「쿨비즈」캠페인이 6월 1일에 시작됩니다.
わずか 불과	本年も残すところわずかとなりました。 올해도 남은 날짜가 얼마 되지 않습니다.

이메일편 (E-mail)

● 현장에서의 사용 예문_01

PR잡지 송부의 안내

件名：ＰＲ誌送付のご案内
コロナ株式会社 人事部ご担当者 様

　日頃はひとかたならぬお引き立てを賜り、厚くお礼申し上げます。
　株式会社現代商事、総務部の厳在完でございます。
　今般、弊社創業20周年を記念として発行いたしましたPR小誌
「ドライバー」を送付させていただきます。
　先人の努力と精進のおかげにより、自動車業界における昨今の技術革新は
目まぐるしいものであります。
　小誌では、弊社の年の歩みの掲載と共に、幅広いデータを取り入れて
詳細に業界の歴史をまとめており、今後の発展に役立つ重要な文献と
なると確信いたしております。

　今後とも一層社業に邁進する所存でございますので変わらぬご愛顧を
賜りますようお願い申し上げます。

　まずはご案内かたがたお願いまで。

現代商事　総務部　厳 在完（オム ジェワン）
jaewann@hyundai.com
〒○○○-○○○○　韓国ソウル市江南区現代ビル2-356
TEL：02-3333-9999(直通)　02-3333-8888(代表)
FAX：02-3333-7777
www.hyundai.com

● 현장에서의 사용 예문_02

업무내용 확충의 안내

件名：業務内容拡充のご案内
イエロー株式会社 総務部ご担当者 様

　日頃はひとかたならぬお引き立てを賜り、厚くお礼申し上げます。
　株式会社現代商事、総務部の厳在完でございます。
　かねてよりカーナビー、ブラックボックスなどの誤作動についての
　お問い合わせをいただきました折、対応不十分にてお客様にはご不便を
　おかけいたしまたこと、深くお詫び申し上げます。

　つきましては、より迅速、丁寧にお客様のお問い合わせに対応するべく、この
　たび海外営業部より海外対応部門を独立させることと相成りました。

　今後はアフタサービスを幅広く行うことができるようになりますので、
　カーナビー、ブラックボックスにつきまして、皆様方からの様々な
　ご要望に添うことが　できるものと確信しております。

　新部門であります海外対応部署は、4月1日より業務を開始いたします
　ので、お気軽にご用命賜りますようお願い申し上げます。

現代商事　総務部　厳 在完（オム ジェワン）
jaewann@hyundai.com
〒〇〇〇-〇〇〇〇　　韓国ソウル市江南区現代ビル2-356
TEL：02-3333-9999(直通)　　02-3333-8888(代表)
FAX：02-3333-7777
www.hyundai.com

● 현장에서의 사용 예문_03

공장건설의 안내

件名：工場開設のご案内
イエロー株式会社 総務部ご担当者 様

　日頃はひとかたならぬお引き立てを賜り、厚くお礼申し上げます。
　株式会社現代商事、総務部の厳在完でございます。
　さて、当社では、かねてより本社工場の隣接地に第2工場を建設中で
　ございましたが、2月5日に完工の運びとなりました。
　同工場は、最新鋭設備を導入し、日産1万個を生産する予定です。
　この工場の稼働に伴い、より迅速な対応も可能となりますので、
　今後ともどうぞ倍旧のお引立てご愛顧をお願い申し上げます。

　まずは、略儀ながらメールを以て新工場完工のご案内を申し上げます。

現代商事　総務部　厳 在完
　　　　　　　　　オム　ジェワン
jaewann@hyundai.com
〒○○○-○○○○　韓国ソウル市江南区現代ビル2-356
TEL：02-3333-9999(直通)　02-3333-8888(代表)
FAX：02-3333-7777
www.hyundai.com

● 해석

PR잡지 송부의 안내

건 명 : PR잡지 송부의 안내
코로라 주식회사 인사부 담당자 님

평소는 아낌 없는 후원을 받아, 깊게 감사말씀 드립니다.
주식회사 현대상사, 총무부의 엄재완입니다.
이번에, 저희 회사 창업20주년을 기념으로서 발행한 PR용 자그마한 잡지 「드라이버」를 송부하겠습니다.
돌아가신 아버님의 노력과 정진의 덕분에 의해, 자동차업계에서의 작금의 기술혁신은
눈부십니다.
잡지에서는, 저희 회사의 한 해의 지나온 걸음의 게재와 함께 폭 넓은 데이터를 넣어서
상세하게 업계의 역사를 정리해 놓았고, 앞으로의 발전에 도움이 될 중요한 문헌이 될 거라고 확신하고
있습니다.

앞으로도 더 한층 회사의 업무에 매진할 생각이니 변함 없는 애호를 주시도록
부탁말씀 드립니다.

우선은 안내를 겸해서 부탁을 드렸습니다.

현대상사 총무부 엄 재완
jaewann@hyundai.com
〒ㅇㅇㅇ-ㅇㅇㅇㅇ 한국 서울시 강남구 현대건물 2-356
TEL : 02-3333-9999(직통) 02-3333-8888(대표)
FAX : 02-3333-7777
www.hyundai.com

업무내용 확충의 안내

건 명 : 업무내용 확충의 안내
옐로 주식회사 총무부 담당자 님

평소에 적잖은 보살핌을 받아, 깊게 감사말씀 드립니다.
주식회사 현대상사, 총무부의 엄재완입니다.
예전부터 카 네비게이션, 블랙박스 등의 오작동에 대한 문의를 주셨을 때, 대응이 불충분해서
손님께는 불편을 끼쳐드렸던 것을, 깊게 사과말씀 드립니다.

이메일편 (E-mail)

그런고로, 보다 신속하고, 친절하게 손님의 문의에 대응하기 위해, 이 번에 해외영업부에서
해외대응부분을 독립시키게 되었습니다. 앞으로는 애프터서비스를 폭 넓게 행할 수 있게 되었기 때
문에 카 네비게이션, 블랙박스에 대해서 여러분들로부터의 다양한 요망에 따를 수가 있다고 확신
하고 있습니다.
새로운 부분인 해외대응부서는, 4월 1일부터 업무를 개시하니까, 부담 없이 문의하시도록
부탁말씀 드립니다.

현대상사 총무부 엄 재완
jaewann@hyundai.com
〒○○○-○○○○   한국 서울시 강남구 현대건물 2-356
TEL : 02-3333-9999(직통) 02-3333-8888(대표)
FAX : 02-3333-7777
www.hyundai.com

공장건설의 안내

건 명 : 공장개설의 안내
옐로 주식회사 총무부 담당자 님

평소는 적잖은 보살핌을 받아, 깊게 감사말씀 드립니다.
주식회사 현대상사, 총무부의 엄재완입니다.

그런데, 당 사에서는, 예전부터 본사공장의 인접지에 제2공장을 건설 중입니다만,
2월 5일에 완공의 단계가 되었습니다.
동 공장은, 최신예 설비를 도입하여, 하루에 1만 개를 생산할 예정입니다.
이 공장의 가동과 함께, 보다 신속한 대응도 가능하기에,
앞으로도 부디 배전의 보살핌, 애호를 부탁말씀 드립니다.

우선은 간략하나마 메일로 신 공장완공의 안내말씀을 드립니다.

현대상사 총무부 엄 재완
jaewann@hyundai.com
〒○○○-○○○○   한국 서울시 강남구 현대건물 2-356
TEL : 02-3333-9999(직통) 02-3333-8888(대표)
FAX : 02-3333-7777
www.hyundai.com

● 어휘설명

07_보고

보고의 메일은, 회사에 있어서 필요한 정보를 거짓없이 정확하게 공유하기 위한 것이다.
조목 별로 쓰는 것이랑 별도 표기를 활용하여, 이해하기 쉽게 기술하도록 하자.
보고는 비즈니스의 기본이기 때문에, 빠르게 제출하도록 하자.

● 보고의 메일에서 정해진 표현

표현	사용의 예
メンテナンス 관리	6月3日より緊急メンテナンスを実施します。 6월 3일부터 긴급관리를 실시합니다.
対応 대응	この件に関しましては私が代わりに対応します。 이 건에 관해서는 제가 대신 대응하겠습니다.
回答 회답, 답변	いつまでに回答できるかを早急に回答してください。 언제까지 회답을 할 수 있는지를 즉시 답변해 주세요.
設備 설비	設備を再び検討してください。 설비를 재차 검토해 주세요.
顧客 고객	顧客から相談を受けました。 고객으로부터 상담을 받았습니다.
納入 납입	物品納入システムが故障です。 물품납입시스템이 고장입니다.
状況 상황	全体の状況が個々の立場を変えます。 전체의 상황이 개개의 입장을 바꿉니다.
不在 부재	問い合わせたところ、担当者は不在でした。 문의했던 바, 담당자는 부재였습니다.
連絡 연락	重要なご連絡事項がございましてご連絡しました。 중요한 연락사항이 있어서 연락했습니다.
つながる 연결되다	私たちは信頼と責任でつながっています。 우리들은 신뢰와 책임으로 연결되어 있습니다.
翌日 다음 날	午後14時までのご注文は翌日発送いたします。 오후 14까지의 주문은 다음 날 발송합니다.
翌朝 다음 날 아침	翌朝になってはじめてわれわれはその事実を知りました。 다음 날 아침이 되어 비로서 우리들은 그 사실을 알았습니다.
派遣 파견	あなたが派遣会社で仕事を開始した日はいつですか? 당신이 파견회사에서 일을 개시한 날은 언제입니까?
処理 처리	他社からのクレームを処理しました。 다른 회사로부터의 클레임을 처리했습니다.
体制 체제	体制整備についていろんな意見がありました。 체제 정비에 대해서 여러 가지 의견이 있었습니다.

이메일편 (E-mail)

표현	사용의 예
叱る 꾸짖다	あなたは今までどんなことで、上司に叱られましたか？ 당신은 지금까지 어떤 일로 상사에게 혼났습니까?
先方 상대방	もし、本当に必要であれば、先方から連絡が来ると思います。 만일, 정말로 필요하다면, 상대방으로부터 연락이 올 거라고 생각합니다.
無断 무단	無断転載により弊社に実害が生じております。 무단 전제에 의해 저희 회사에 실질적인 해가 생겼습니다.
公開 공개	当社のウェブサイトを公開しました。 당사의 웹사이트를 공개했습니다.
本日中 오늘 중	本日中に送って頂くことは可能でしょうか？ 오늘 중에 보내 주시는 것은 가능할까요?
求める 요구하다	あなたから確認を求められた点について回答します。 당신으로부터 확인을 요구 받았던 점에 대해서 회답하겠습니다.
後ほど 나중에	出荷スケジュールは後ほどメールします。 출하스케줄은 나중에 메일로 보내드리겠습니다.
現場 현장	私は現在、現場で働いています。 저는 현재, 현장에서 일하고 있습니다.
捉える 파악하다	会社はこれを非常に重大な問題と捉えています。 회사는 이것을 매우 중대한 문제로 파악하고 있습니다.
ニーズ 요구	消費者のニーズはさまざまです。 소비자의 요구는 다양합니다.
間柄 사이, 관계	私たちは何でもお話できる間柄になりたいです。 우리들은 뭐든지 말을 할 수 있는 관계가 되고 싶습니다.
わきまえる 분별하다	君はその年齢なのだから、もっと分別をわきまえるべきだ。 자네는 그 정도로 나이를 먹었으니, 더욱 사리분별을 해야만 한다.
信用 신용	この事実から見ると彼の報告は信用できます。 이 사실에서 보면, 그의 보고는 신용할 수 있습니다.
特に' 특히	特にこれといった問題はないようです。 특히 이렇다 할 문제는 없는 것 같습니다.
急ぎの〜 급한〜	お急ぎの方は、直接お電話でお問い合せ下さい。 급하신 분은, 직접 전화로 문의해 주세요.
贈る 선물로 보내다	当社の新製品をお贈りします。 당 사의 신제품을 선물로 보내드리겠습니다.

표현	사용의 예
受注 (じゅちゅう) 수주	円高のため海外からの受注が激減しています。 엔고 때문에 해외로부터의 수주가 격감하고 있습니다.
目標 (もくひょう) 목표	それは目標や夢の達成のために役立ちますか。 그것은 목표랑 꿈의 달성을 위해서 도움이 됩니까?
戦略 (せんりゃく) 전략	経営戦略を再検討する必要があると思います。 경영전략을 재검토할 필요가 있다고 생각합니다.
推進 (すいしん) 추진	中小企業の協業化を推進しています。 중소기업의 협업화를 추진하고 있습니다.
具体的 (ぐたいてき) 구체적	もっと具体的な提案はありませんか。 더욱 구체적인 제안은 없습니까?
事項 (じこう) 사항	以下の事項を禁止事項と定めます。 이하의 사항을 금지사항으로 정하겠습니다.
価値 (かち) 가치	買う価値のある製品を作るのは大変です。 살 가치가 있는 제품을 만드는 것은 힘듭니다.
作成 (さくせい) 작성	社内文書の作成を先輩から学びました。 사내문서의 작성을 선배로부터 배웠습니다.
立案 (りつあん) 입안	ビジネスプランの立案を提出してください。 비즈니스플랜의 입안을 제출해 주세요.
実行 (じっこう) 실행	実行可能である場合は、これをそのままやります。 실행 가능한 경우는, 그것을 그대로 하겠습니다.
課題 (かだい) 과제	この課題を解決するには検討が必要となります。 이 과제를 해결하려면 검토가 필요하게 됩니다.
創出 (そうしゅつ) 창출	安定的な雇用を創出するため、みんな努力しています。 안정적인 고용을 창출하기 위해, 모두 노력하고 있습니다.
活用 (かつよう) 활용	人材活用支援システムを構築しました。 인재활용지원시스템을 구축했습니다.
質疑 (しつぎ) 질의	会議の後で質疑応答の時間を持ちます。 회의 뒤에 질의응답의 시간을 가지겠습니다.
多少 (たしょう) 다소	多少の時間と技術改良が必要だと思います。 다소의 시간과 기술개량이 필요하다고 생각합니다.
事故 (じこ) 사고	今朝、工場で人事事故がありました。 오늘 아침에 공장에서 인사사고가 있었습니다.

● 현장에서의 사용 예문_01

문제대응을 위한 출장의 보고

件名：竹中工業システムトラブル対応についての報告
村上部長

竹中工業システムトラブル対応のための日本出張について結果を報告
致します。

結果　　：　システム設定の修正により無事対応終了
原因　　：　お客様の設定間違い
対策　　：　設定間違い防止のための説明資料作成を約束
特記事項：同様のトラブルは他のお客様でも起こる可能性があります。

説明資料は部内に展開して注意を呼びかけます。
報告は以上です。
訪問時は、お客様もお怒りでしたが、原因を丁寧に説明して納得
いただけました。
「わざわざ呼びつけて悪かったね」と見送っていただき信頼関係を
壊さずに済みました。

　　　以上

現代商事　総務部　厳 在完（オム ジェワン）
jaewann@hyundai.com
〒○○○-○○○○　韓国ソウル市江南区現代ビル2-356
TEL：02-3333-9999(直通)　02-3333-8888(代表)
FAX：02-3333-7777
www.hyundai.com

● 현장에서의 사용 예문_02

카탈로그 리뉴얼에 대한 보고

件名：次年度カタログリニューアルについてのご報告
東京営業所 井上部長

　お疲れ様です。
　海外営業部の厳です。
　次年度の商品カタログリニューアルについて、第１回の打ち合わせを
　３月３１日に韓国のソウルで行いましたので、その内容について
　ご報告いたします。

　　　　　　　　　　　　　　記

　議題　　「商品カタログのリニューアルについて」
　決定事項
　［１］　タイトルロゴを変更する
　［２］　オールカラーに変更する

　なお、詳細については次回第２回打ち合わせで決定いたします。
　第２回の打ち合わせは４月２１日(水)午後４時から行う予定です。

　以上　取り急ぎご報告まで。

アイナビ(株)　海外営業部　　厳 在完
　　　　　　　　　　　　　　オム　ジェ ワン
jaewann@inavi.com
〒○○○-○○○○　韓国ソウル市江南区アイナビビル2-356
TEL：02-3333-9999(直通)　02-3333-8888(代表)
FAX：02-3333-7777
www.inavi.com

● 현장에서의 사용 예문_03

영업 처에서의 비즈니스 상담에 대한 보고

件名：9月30日 イロハ商事株式会社　営業報告
駒田部長

お疲れ様です。厳です。
昨日、イロハ商事株式会社を訪問した件につきまして、
以下の通り、ご報告いたします。

日時　　：　2017年9月30日(月)14時～15時
訪問先　：　イロハ商事株式会社　事業部
対応者　：　事業部事業推進課　小林課長、野田氏
内容　　：
1．10月キャンペーングッズの各支店への納入日の確認
2．今後の販売促進活動についての提案について
(若い年齢層へのアピールを希望)

所　感：
今後についての提案内容には、関心を持っていただけたようです。
しかし予算との兼ね合いがつくかどうかという点で、
社内での調整が難しいとのお話でした。
再度、若者向けにし、多少価格を抑えたご提案も行ってはと思います。

以上

===

現代商事　総務部　厳 在完（オム ジェ ワン）
jaewann@hyundai.com
〒○○○-○○○○　韓国ソウル市江南区現代ビル2-356
TEL：02-3333-9999(直通)　02-3333-8888(代表)
FAX：02-3333-7777
www.hyundai.com

● 해석

문제대응을 위한 출장의 보고

건 명 : 타케나까 공업시스템 트러블대응에 대한 보고
무라카미 부장님

　타케나까 공업시스템 트러블대응을 위한 일본출장에 대해서 결과를 보고하겠습니다.

　결과　　: 시스템설정의 수정에 의해 무사대응종료
　원인　　: 손님의 설정 잘못
　대책　　: 설정 잘못 방지를 위한 설명자료작성을 약속
　특기사항 : 같은 트러블은 다른 손님에서도 일어날 가능성이 있습니다.

　설명자료는 부 내에 전개해서 주의를 호소하겠습니다.
　보고는 이상입니다.
　방문 시는, 손님도 화를 내었습니다만, 원인을 친절하게 설명해서 납득해 주셨습니다.
　「일부러 오게 해서 죄송했다」라고 배웅해 주시고, 신뢰관계를
　무너뜨리지 않고 해결했습니다.

　　　이상

현대상사 관리부 엄 재완
jaewann@hyundai.com
〒○○○-○○○○　한국 서울시 강남구 현대건물 2-356
TEL : 02-3333-9999(직통) 02-3333-8888(대표)
FAX : 02-3333-7777
www.hyundai.com

카탈로그 리뉴얼에 대한 보고

건 명 : 차년도 카탈로그 리뉴얼에 대한 보고
도쿄영업소 이노우에 부장님

　수고하십니다.
　해외영업부의 엄입니다.
　차년도 상품카탈로그 리뉴얼에 대해서, 제 1 회 협의를 3월 31일에 한국 서울에서 행하니,
　그 내용에 대해서 보고하겠습니다.

　　　　　　　　　　　　　　　기
　의제　　「상품카탈로그 리뉴얼에 대해서」
　결정사항
　[1]　타이틀 로고를 변경한다
　[2]　올 컬러로 변경한다

이메일편 (E-mail)

그리고 상세한 것에 대해서는 다음 번 제 2 회 협의에서 결정하겠습니다.
제 2 회 협의는 4월 21일(수) 오후 4시부터 행할 예정입니다.

이상, 급히 보고를 드립니다.

아이나비㈜ 해외영업부 엄 재완
jaewann@hyundai.com
〒○○○-○○○○   한국 서울시 강남구 아이나비건물 2-356
TEL : 02-3333-9999(직통) 02-3333-8888(대표)
FAX : 02-3333-7777
www.inavi.com

영업 처에서의 비즈니스 상담에 대한 보고

건 명 : 9월 30일 이로하상사 주식회사 영업보고
코마다 부장님

　수고하십니다. 엄입니다..
　어제, 이로하상사 주식회사를 방문한 건에 대해서, 이하 대로 보고 드립니다.

　일　시 : 2017년 9월 30일(월) 14시~15시
　방문처 : 이로하상사 주식회사 사업부
　대응자 : 사업부 사업추진과 코바야시 과장님, 노다 씨
　내　용 :
　1. 10월 캠페인 상품의 각 지점으로의 납입일 확인
　2. 앞으로의 판매촉진활동에 대한 제안에 대해서
　(젊은 연령층에 대한 어필을 희망)

　소　감 :
　앞으로에 대한 제안내용에는, 관심을 가져 주실 것 같습니다.
　그러나, 예산과의 균형이 맞을지 어떨지에 대해서, 사내에서의 조정이
　어렵다는 말씀이었습니다.
　재차 젊은이 용으로 하고, 다소 가격을 낮춘 제안도 행하는 것이 어떤가 라고 생각합니다.

　　이상

현대상사 영업부 엄 재완
jaewann@hyundai.com
〒○○○-○○○○   한국 서울시 강남구 현대건물 2-356
TEL : 02-3333-9999(직통) 02-3333-8888(대표)
FAX : 02-3333-7777
www.hyundai.com

● 어휘설명

08_연락

연락의 메일은, 전할 내용을 잘 확인하고, 틀리지 않도록 표기한다.
정확하고 이해하기 쉬운 문장표현으로 만들고, 신속하게 전하자.
무엇보다, 현장에서 일이나 사건, 실무적인 내용을 당사자에게 그 내용을 빨리,
정확하게 알리는 것이 중요하다는 것을 명심하자.

● 연락의 메일에서 정해진 표현

표현	사용의 예
表記（ひょうき） 표기	このサイトはすべて英語で表記されています。 이 사이트는 모두 영어로 표기되어 있습니다.
定期的（ていきてき） 정기적	パスワードは大事に保管し、定期的に変更してください。 패스워드는 소중하게 보관하고, 정기적으로 변경해 주세요.
並べる（ならべる） 나열하다	このセットは本棚に並べると約１メートルあります。 이 세트는 책꽂이에 나열하면 약 1미터가 됩니다.
ご覧になる（らん） 보시다	当社の工場をご覧になるならご案内しましょう。 당사의 공장을 보신다면 안내하겠습니다.
役職（やくしょく） 직무	役職が課長代理から、主任に変更になりました。 직무가 과장대리에서 주임으로 변경되었습니다.
必見（ひっけん） 반드시 봄	転職で悩んでいる方は必見です。 전직으로 고민하고 있는 분은 반드시 봐야 합니다.
多彩（たさい） 다채	彼は多彩な経歴の持ち主です。 그는 다채로운 경험의 소유자입니다.
事例（じれい） 사례	加盟会社の脱退はこれが初めての事例であります。 가맹회사의 탈퇴는 이것이 첫 사례입니다.
安全（あんぜん） 안전	安全な投資のために必ず受けなければならない講義です。 안전한 투자를 위해서 반드시 받아야만 하는 강의입니다.
募集（ぼしゅう） 모집	以下の条件に当てはまる人を募集しています。 이하의 조건에 맞는 사람을 모집하고 있습니다.
従前（じゅうぜん） 종전	金額については、従前の例によります。 금액에 대해서는 종전의 예에 따르겠습니다.
従来（じゅうらい） 종래	これは従来の型に比べて一段と進歩したものです。 이것은 종래의 형태와 비교해서 한층 더 진보한 것입니다.
～において ～에서	結果はホームページにおいて発表されます。 결과는 홈페이지에서 발표됩니다.
要項（ようこう） 요항	2018年度入社案内および面接要項を公開いたしました。 2018년도 입사안내 및 면접요항을 공개했습니다.
優秀（ゆうしゅう） 우수	優秀な方がたくさん応募しました。 우수한 분이 많이 응모했습니다.

이메일편 (E-mail)

표현	사용의 예
発行（はっこう） 발행	私は部長の指示でその注文書を発行しました。 나는 부장님의 지시로 그 주문서를 발행했습니다.
掲示板（けいじばん） 게시판	掲示板に通知を張り出してお知らせいたします。 게시판에 통지를 붙여서 알려드리겠습니다.
発表（はっぴょう） 발표	発表資料をメールでお送りします。 발표자료를 메일로 보내드리겠습니다.
選考（せんこう） 서류심사	選考過程では過去の経験が非常に重要視されます。 서류심사과정에서는 과거의 경험이 매우 중요시됩니다.
委員会（いいんかい） 위원회	委員会の新委員を任命しなければなりません。 위원회의 신 위원을 임명해야만 합니다.
維持（いじ） 유지	この状態を維持するためには、これらが重要であります。 이 상태를 유지하기 위해서는 이러한 것이 중요합니다.
景品（けいひん） 경품	景品を豊富にご用意いたしました。 경품을 풍부하게 준비했습니다.
重傷（じゅうしょう） 중상	10名負傷し、そのうち3名は重傷でした。 10명 부상당하고, 그 중 3명은 중상이었습니다.
軽傷（けいしょう） 경상	その鉄道事故で死者3名、軽傷者10名が出ました。 그 철도사고로 사망자 3명, 경상자 10명이 나왔습니다.
死亡（しぼう） 사망	彼らは行方不明でありますが、死亡したと推定されます。 그들은 행방불명이지만, 사망했다고 추정됩니다.
対策（たいさく） 대책	災害対策情報管理システムを整えました。 재해대책정보관리 시스템을 정비했습니다.
労働（ろうどう） 노동	長時間の労働はとても危険です。 장시간의 노동은 매우 위험합니다.
元請（もとうけ） 원청	IT業界では同じ現場で元請会社の社員と下請会社の社員が一緒に仕事をするということはよくあります。 IT업계에서는 같은 현장에서 원청회사의 사원과 하청회사의 사원이 함께 일을 하는 것은 자주 있습니다.
記念（きねん） 기념	図書館はその学者を記念して建てられました。 도서관은 그 학자를 기념해서 세워졌습니다.
周年（しゅうねん） 주년	おかげさまで、弊社も今年10周年を迎えます。 덕분에 저희 회사도 올해 10주년을 맞이합니다.

표현	사용의 예
原稿(げんこう) 원고	原稿(げんこう)作成(さくせい)の基本(きほん)から習(なら)った方(ほう)がいいでしょう。 원고작성의 기본부터 배우는 편이 좋겠죠.
贈呈(ぞうてい) 증정	ご来場(らいじょう)頂(いただ)いた皆様(みなさま)には、ささやかながら記念品(きねんひん)を贈呈(ぞうてい)いたします。 내장하신 여러분께는, 자그마하지만 기념품을 증정하겠습니다.
一言(ひとこと) 한마디	顧客(こきゃく)の一言(ひとこと)が身(み)に染(し)みました。 고객의 한마디가 몸에 사무쳤습니다.
歓迎(かんげい) 환영	全社員(ぜんしゃいん)が出(で)てきて社長(しゃちょう)を歓迎(かんげい)しました。 전 사원이 나와서 사장님을 환영했습니다.
締切日(しめきりび) 마감일	締切日(しめきりび)に間(ま)に合(あ)うように大変(たいへん)努力(どりょく)しました。 마감일에 맞도록 매우 노력했습니다.
期間(きかん) 기간	かなり長(なが)い期間(きかん)、外国(がいこく)の仕事(しごと)をやってきました。 상당히 긴 기간, 외국 일을 해 왔습니다.
予防(よぼう) 예방	あなたは過去(かこ)3か月(げつ)以内(いない)に予防(よぼう)接種(せっしゅ)を受(う)けましたか? 당신은 과거 3개월 이내에 예방접종을 받았습니까?
訓練(くんれん) 훈련	今日(きょう)会社(かいしゃ)で避難訓練(ひなんくんれん)があります。 오늘 회사에서 피난훈련이 있습니다.
日程(にってい) 일정	日程(にってい)の変更(へんこう)があって、お電話(でんわ)しました。 일정의 변경이 있어서, 전화했습니다.
対象(たいしょう) 대상	その店(みせ)は若者(わかもの)を対象(たいしょう)としています。 그 가게는 젊은이를 대상으로 하고 있습니다.
なるべく 가능한 한	製品(せいひん)に関(かん)するレポートをなるべく早(はや)く出(だ)してください。 제품에 관한 리포트를 가능한 한 빨리 제출해 주세요.
連休(れんきゅう) 연휴	連休中(れんきゅうちゅう)にお客様(きゃくさま)のご要望(ようぼう)やご質問(しつもん)はお受(う)け付(つ)けいたしません。 연휴 중에 손님의 요망이나 질문은 접수하지 않습니다.
もれなく 빠짐없이	不用品(ふようひん)を送(おく)っていただいた方(かた)にもれなくプレゼントいたします。 불용품을 보내주신 분께 빠짐없이 선물을 드리겠습니다.
一切(いっさい) 일체	当社(とうしゃ)はイロハ商事(しょうじ)とは一切(いっさい)関係(かんけい)がないです。 당사는 이로하상사와는 일체 관계가 없습니다.
厳禁(げんきん) 엄금	実験室内(じっけんしつない)での喫煙(きつえん)は厳禁(げんきん)です。 실험실 내에서의 흡연은 엄금입니다.
持(も)ち出(だ)し 들고 나감	外部(がいぶ)への当該(とうがい)ファイルの持(も)ち出(だ)しを禁止(きんし)します。 외부로의 해당 파일의 유출을 금지합니다.

이메일편 (E-mail)

● 현장에서의 사용 예문_01

시스템정지의 연락

件名：【重要】１０/４(～１０/５)システムダウンの連絡
イロハ商事

お疲れ様です。海外営業部の厳です。
連休を利用しデータサーバを点検します。
この期間中は、ホームページへのアクセスはできません。

日時：１０月４日(土) 21:00～24:00
作業内容：
① OSのバージョンアップ
② ウィルス、スパイウェアのスキャンと駆除
③ 新規監視ソフトのインストール・テスト
※ 上記時間帯はサーバにアクセスできません。

● 万が一この時間帯に作業をせざるを得ない場合は、
事前に必要なデータをダウンロードしておいてください。
● なおセキュリティのため、ダウンロードしたデータを使う際は、
メール・ネット等、外部へのアクセスを一切禁止します。

以上

アイナビ(株)　海外営業部　厳　在完（オム　ジェワン）
jaewann@inavi.com
〒○○○-○○○○　韓国ソウル市江南区アイナビビル2-356
TEL：02-3333-9999(直通)　02-3333-8888(代表)
FAX：02-3333-7777
www.inavi.com

● 현장에서의 사용 예문_02

회의개최의 연락

件名：会議のお知らせ
イロハ商事　開発部　山本部長

お仕事お疲れ様です。
アイナビ株式会社海外営業部の厳です。
表題のとおり、東京ソフトバンク９階の会議室で会議を下記の日程で
開催いたしますので、ご参加の程よろしくお願いいたします。

記

日時：平成30年08月06日　午前11時00分
場所：東京ソフトバンク９階 会議室
議題：
① 　月例営業報告
② 　今期実績について
③ 　アフターサービスについて

アイナビ(株)　　海外営業部　厳 在完
                                            オム　ジェ ワン
jaewann@inavi.com
〒○○○-○○○○　韓国ソウル市江南区アイナビビル2-356
TEL：02-3333-9999(直通)　02-3333-8888(代表)
FAX：02-3333-7777
www.inavi.com

● 현장에서의 사용 예문_03

잡지 도착의 안내

件名:「オート・ボックス 10月号」雑誌到着
関係者各位

　月刊誌「オート・ボックス 10月号」到着のお知らせ

　表記の月刊誌が到着しました。
　アイナビの新製品が 60 ページに載っておりますのでご覧ください。

　【特集記事】
　1　楽しもう。カーナビー！
　2　誰でも簡単に使えるカーナビー！

　【一口メモ】
　上記1は、従来のカーナビーの技能だけでなく、いろんなことが
　できる技能があることをアピール！
　消費者の率直なレビューがたくさん載っているので、お楽しみください。
　特に競争会社のカーナビーと比べた記事には注目してほしいです。

　以上

アイナビ(株)　　海外営業部　嚴　在完
　　　　　　　　　　　　　　　(オム　ジェ ワン)
jaewann@inavi.com
〒○○○-○○○○　韓国ソウル市江南区アイナビビル2-356
TEL：02-3333-9999(直通)　02-3333-8888(代表)
FAX：02-3333-7777
www.inavi.com

● 해석

시스템정지의 연락

건 명 :【중요】10/4(~10/5)시스템다운의 연락
이로하 상사

    수고하십니다. 해외영업부의 엄입니다.
    연휴를 이용한 데이터서버를 점검합니다. 이 기간 중에는, 홈페이지의 접속은 할 수 없습니다.

    일시 : 10월 4일(토) 21:00~24:00
    작업내용 :
    ① OS의 버전 업
    ② 바이러스, 스파이웨어의 스캔과 구제
    ③ 신규감시 소프트의 인스트롤, 테스트
    ※ 상기 시간 대는 서버에 접속할 수 없습니다.

- 만일, 이 시간 대에 작업을 해야만 할 경우는, 사전에 필요한 데이터를 다운로드해 주세요.

- 그리고, 안전을 위해, 다운로드한 데이터를 사용할 때는, 메일이나 인터넷 등, 외부로의 접속을 일절 금지합니다.

    이상

아이나비㈜ 해외영업부 엄 재완
jaewann@hyundai.com
〒○○○-○○○○   한국 서울시 강남구 아이나비건물 2-356
TEL : 02-3333-9999(직통) 02-3333-8888(대표)
FAX : 02-3333-7777
www.inavi.com

회의개최의 연락

건 명 : 회의의 알림
이로하 상사 개발부 야마모토 부장님

    업무로 수고하십니다.
    아이나비 주식회사 해외영업부의 엄입니다.
    표제대로, 도쿄 소프트뱅크 9층의 회의실에서 회의를 하기의 일정으로 개최하니,
    참가를 부탁합니다.

                               기
    일시 : 평성 30년 08월 06일   오전 11시 00분
    장소 : 도쿄 소프트뱅크 9층 회의실

의제 : ① 월례영업보고
② 금기 실적에 대해서
③ 애프터서비스에 대해서

아이나비㈜ 해외영업부 엄 재완
jaewann@hyundai.com
〒○○○-○○○○   한국 서울시 강남구 아이나비건물 2-356
TEL : 02-3333-9999(직통) 02-3333-8888(대표)
FAX : 02-3333-7777
www.inavi.com

잡지 도착의 안내

건 명 :「오토・박스 10월호」잡지도착
관계자 여러분

　월간지「오토・박스 10월호」도착의 알림

　표기의 월간지가 도착했습니다.
　아이나비의 신제품이 60페이지에 실려 있으니 보세요.

　【특집사항】
　1 즐기자. 카 네비게이션!
　2 누구라도 손쉽게 사용할 수 있는 카 네비게이션!

　【한마디 메모】
　상기 1은, 종래의 카 네비게이션의 기능뿐만 아니라, 여러 가지 것을 할 수 있는
　기능이 있는 것을 어필!
　소비자의 솔직한 리뷰가 많이 실려 있기 때문에 즐겨주세요.
　특히, 경쟁회사의 카 네비게이션과 비교한 기사에는 주목해 주기를 바랍니다.

　　이상

아이나비㈜ 해외영업부 엄 재완
jaewann@hyundai.com
〒○○○-○○○○   한국 서울시 강남구 아이나비건물 2-356
TEL : 02-3333-9999(직통) 02-3333-8888(대표)
FAX : 02-3333-7777
www.inavi.com

● 어휘설명

09_상담

상담메일은, 바쁜 상사에게 새로운 정보를 신속하게 전하고, 상담하기 위한 것이다.
상담하기 전에 자기 나름대로의 해결책을 준비하고 나서 상담하도록 하자.

포인트
1 <u>스스로 몇 갠가의 플랜을 생각하고 나서 상담한다.</u>
2 긴급성, 중요성, 객관성에 주의해서 전해야만 할 정보를 정리한다.
3 조목 별로 간결하게 쓴다

● 상담의 메일에서 정해진 표현

표현	사용의 예
作品 (さくひん) 작품	それらの作品をあなたに見せる用意ができています。 그러한 작품을 당신에게 보여줄 준비가 되어 있습니다.
積極的 (せっきょくてき) 적극적	非常に積極的に販売活動を展開しています。 매우 적극적으로 판매활동을 전개하고 있습니다.
改善 (かいぜん) 개선	指摘された事項を改善しました。 지적 받은 사항을 개선했습니다.
現状 (げんじょう) 현 상태	彼らは現状維持を強く希望しています。 그들은 현 상태유지를 강하게 희망하고 있습니다.
緊急 (きんきゅう) 긴급	緊急会議の開催を求めています。 긴급회의의 개최를 요구하고 있습니다.
返信 (へんしん) 답변	返信が遅くなってごめんなさい。 답변이 늦어서 죄송합니다.
述べる (のべる) 말하다	要点だけを手短かに述べて置きます。 요점만을 가볍게 말해 두겠습니다.
ただ 단지	ただ自分の義務を尽くしただけです。 단지 자신의 의무를 다 했을 뿐입니다.
いずれ 언젠가	いずれ改めてお礼に伺います。 언젠가 새로이 인사하러 찾아 뵙겠습니다.
都合 (つごう) 상황	あなたはどの日が都合がよいですか？ 당신은 어느 날이 상황이 좋습니까？
遠慮なく (えんりょなく) 사양 말고	質問があれば遠慮なく連絡してください。 질문이 있으면 사양 말고 연락해 주세요.
気軽に (きがるに) 부담 없이	問題があれば、気軽に私に電話してください。 문제가 있으면, 부담 없이 저에게 전화해 주세요.
打ち合わせ (うちあわせ) 협의	打ち合わせ結果にしたがって直しました。 협의결과에 따라서 고쳤습니다.
程度 (ていど) 정도	それはどの程度の価格になりますか。 그것은 어느 정도의 가격이 됩니까？
伝わる (つたわる) 전해지다	私はあなたの気持ちが彼らに伝わることを祈ります。 나는 당신의 마음이 그들에게 전해질 것을 기원하겠습니다.

이메일편 (E-mail)

표현	사용의 예
とにかく 여하튼	とにかく具体的な相談内容を書くのが大切です。 여하튼 구체적인 상담내용을 쓰는 것이 중요합니다.
責める 책망하다	もしうまく伝わらなかったとしても、相手を責めないようにしましょう。 만일 잘 전해지지 않더라도 상대방을 책망하지 않도록 합시다.
そもそも 애당초	そもそもビジネスメールで複雑な事情を説明するのは、けっこう大変なことです。 애당초 비즈니스메일에서 복잡한 사정을 설명하는 것은 상당히 힘든 일입니다.
行為 행위	彼の英雄的な行為はマスコミによって国中に知れ渡りました。 그의 영웅적인 행위는 매스컴에 의해서 나라 전체에 알려졌습니다.
悩み 고민	私の悩みに比べたら君の悩みなどなんでもない。 저의 고민과 비교하면, 그의 고민 따위는 아무 것도 아니다.
あるいは 혹은	ヨーロッパで仕事をするかあるいは日本で勉強するか迷っています。 유럽에서 일을 할지 혹은 일본에서 공부할지 고민하고 있습니다.
継続的 계속적	継続的に活動を続けたいです。 계속적으로 활동을 계속하고 싶습니다.
応じる 응하다	必要に応じて開かれる会議です。 필요에 의해 열리는 회의입니다.
苦情 불평	私たちの顧客がそれについての苦情を言いました。 저희들의 고객이 그것에 대한 불평을 했습니다.
人権 인권	会社での人権問題が深刻になっています。 회사에서의 인권문제가 심각해졌습니다.
取引先 거래처	取引先との約束は取り消されました。 거래처와의 약속은 취소되었습니다.
接待 접대	外国人の顧客の接待をして欲しいです。 외국인 고객의 접대를 해 주기를 바랍니다.
昇進 승진	管理部の野田さんは管理職に昇進したそうです。 관리부의 노다 씨는 관리직으로 승진했다고 합니다.
左遷 좌천	社長は彼を支店へ左遷しました。 사장님은 그를 지점으로 좌천했습니다.
解雇 해고	解雇のことが心配で眠れません。 해고당하는 일이 걱정이 되어 잘 수 없습니다.

표현	사용의 예
部下 부하	部下をグループに分けて訓練させました。 부하를 그룹으로 나누어서 훈련시켰습니다.
人間関係 인간관계	人間関係の大変さで苦労しています。 인간관계의 힘듦으로 고생하고 있습니다.
首になる 해고가 되다	そんなことをすると絶対首になります。 그런 짓을 하면 절대 해고가 됩니다.
恐れ 우려	作業者の健康を害する恐れがあります。 작업자의 건강을 해할 우려가 있습니다.
自ら 스스로	自らの良心に照らし合わせ、決定を下ろさなければなりません。 스스로의 양심에 비추어 결정을 내려야만 합니다.
同意 동의	私の意見に同意すれば連絡してください。 저의 의견에 동의하면 연락해 주세요.
結論 결론	これらの結論は前の研究者たちと対照的です。 이러한 결론은 전의 연구자들과 대조적입니다.
想像 상상	彼がどんなにつらかったのか、想像することも出来ません。 그가 얼마나 괴로웠는지, 상상하는 것도 불가능합니다.
迷惑 민폐	病気ばかりの日々で皆様には、大変ご迷惑をお掛けしております。 병에만 걸린 나날로 여러분께는, 매우 폐를 끼치고 있습니다.
借金 빚	彼は親父の借金を背負っています。 그는 삼촌의 빚을 짊어지고 있습니다.
苦手だ 서툴다	彼女は数学が最も苦手な科目であることを認めました。 그녀는 수학이 가장 서툰 과목인 것을 인정했습니다.
向かない 맞지 않다	神経質な人はこの仕事には向かない。 신경질적인 사람은 이 일에는 맞지 않다.
おそらく 아마	おそらくそれがあなたに役立つかもしれません。 아마 그것이 당신에게 도움이 될 지도 모릅니다.
誤り 실수	彼女は同じ誤りを繰り返した。 그녀는 같은 실수를 반복했다.
両立 양립	勉強と部活動を両立させるのは難しい。 공부와 서클활동을 양립시키는 것은 어렵다.
仲間 동료	会社で仲間と関係が悪くて悩んでいます。 회사에서 동료와 관계가 나빠서 고민하고 있습니다.

● 현장에서의 사용 예문_01

프로젝트에 관한 인원증강의 상담

件名：プロジェクトに関する人員増強のご相談
佐藤課長

お疲れ様です、厳です。
現在進行しているイロハプロジェクトに関して、
課長にご相談があり、メールいたしました。
現在、イロハのプロジェクトに取りかかっているところなのですが
人手不足により納期に遅延しかねない状況のため、困っております。
例年ですと、イロハについては5名で行っているのですが、
本年は、サクラやヤマトの案件が早まり、イロハと同時期の
納期となりましたので、
現在、実質のところ2名で対応している状況です。
つきましては、イロハのプロジェクト終了までの期間(4/5まで)のみ、
あと2名、人員を増やしていただくことはできませんでしょうか。
お忙しいところ恐れ入りますが、一度、ご相談させていただく
お時間をいただけませんでしょうか。
よろしくお願い申し上げます。

===

アイナビ(株)　海外営業部　厳　在完
　　　　　　　　　　　　　オム　ジェワン
jaewann@inavi.com
〒○○○-○○○○　韓国ソウル市江南区アイナビビル2-356
TEL：02-3333-9999(直通)　02-3333-8888(代表)
FAX：02-3333-7777
www.inavi.com

● 현장에서의 사용 예문_02

협의일정의 상담

件名：打ち合わせの日程のご相談
株式会社ロマ 張本一郎 様

　いつもお世話になっております。株式会社アイナビの厳です。
　新製品店頭展示の件に関しまして、来週の打ち合わせ日程を決定
　したいと思います。
　私の打ち合わせ可能日時を載せておきますので
　ご都合のいい時間帯がありましたら教えてください。

　＜候補日時＞
　６月２日(木)１０時〜１４時まで
　６月３日(金)〜１７時まで
　６月６日(月)１４時〜１６時まで

　もしいずれの時間帯も、ご都合が悪い場合は遠慮なくお知らせください。
　また打ち合わせには１時間程度かかる予定です。
　このメールに関してご不明点がありましたらお気軽にご連絡ください。
　それではよろしくお願いいたします。

アイナビ(株)　　海外営業部 厳 在完(オム ジェワン)
jaewann@inavi.com
〒○○○-○○○○　韓国ソウル市江南区アイナビビル2-356
TEL：02-3333-9999(直通)　02-3333-8888(代表)
FAX：02-3333-7777
www.inavi.com

● 현장에서의 사용 예문_03

전시회 권유에 대한 상담

件名：フェア勧誘についてのご相談
杉内部長

お疲れ様です。厳です。
ヤマト工業様のフェア勧誘について、来週中に同行のお願いがあります。
本日3カ月ぶりに訪問したところ以下の状況でした。
1　前任者の転勤により、担当者が交代(本日は不在)
2　競合A社製品多数導入(少なくとも4台は目撃)
3　競合B社・C社もアプローチの模様
しばらく訪問できなかった私の責任ですが、なんとかフェアに
来場いただいて巻き返したいと思います。
来週中に同行のうえ、新しい担当者との信頼関係構築のための
挨拶とフェア勧誘の後押しをしていただけないでしょうか？
ご都合をお聞かせください。

以上

営業部　厳 在完 (オム ジェワン)
内線　　4522
jaewann@inavi.com

● 해석

프로젝트에 관한 인원증강의 상담

건 명 : 프로젝트에 관한 인원증강의 상담
사토 과장님

수고하십니다. 엄입니다.
현재 진행하고 있는 이로하 프로젝트에 관해서 과장님께 상담이 있어 메일을 보냈습니다.
현재, 이로하의 프로젝트에 임하고 있는 중입니다만, 일손부족에 의해 납기에 지연될지도 모르는 상황이기 때문에, 난처해 하고 있습니다. 예년 같으면, 이로하에 대해서는 5명이 행했습니다만, 올해는 사쿠라와 야마토의 안건이 급해져, 이로하와 같은 시기의 납기가 되었기 때문에, 현재 실질적으로 2명이 프로젝트에 대응하고 있는 상황입니다.
그런고로, 이로하의 프로젝트종료까지의 기간(4/5까지)만, 앞으로 2명의 인원을 늘려 주실 수는 없을까요? 바쁘신 중에 죄송합니다만, 한 번 상담하고 싶은데, 시간을 내 주실 수 없겠습니까?
잘 부탁말씀 드립니다.

아이나비㈜ 해외영업부 엄 재완
jaewann@hyundai.com
〒○○○-○○○○   한국 서울시 강남구 아이나비건물 2-356
TEL : 02-3333-9999(직통) 02-3333-8888(대표)
FAX : 02-3333-7777
www.inavi.com

협의일정의 상담

건 명 : 협의일정의 상담
주식회사 로마 하리모토 이치로 님

항상 신제를 지고 있습니다. 주식회사 아이나비의 엄입니다.
신제품 점두전시의 건에 관해서, 다음 주 협의일정을 결정하고 싶습니다.
저의 협의 가능 일시를 게재할 테니 괜찮은 시간대가 있으시면 가르쳐 주세요.

<후보 일시>
6월 2일(목) 10시~14시까지
6월 3일(금)~17시까지
6월 6일(월) 14시~16시까지

이메일편 (E-mail)

만일 어떤 시간대도 상황이 안 될 경우는 사양 말로 알려 주세요.
또 협의에는 1시간 정 걸릴 예정입니다.
이 메일에 관해서 불명확한 점이 있으시면, 부담 없이 연락주세요.
그럼 잘 부탁합니다.

아이나비㈜ 해외영업부 엄 재완
jaewann@hyundai.com
〒○○○-○○○○   한국 서울시 강남구 아이나비건물 2-356
TEL : 02-3333-9999(직통) 02-3333-8888(대표)
FAX : 02-3333-7777
www.inavi.com

전시회 권유에 대한 상담

건 명 : 전시회권유에 대한 상담
스기우치 부장님

　수고하십니다. 엄입니다.
　야마토 공업의 전시회 권유에 대해서, 다음 주 중에 동행의 부탁이 있습니다.
　오늘 3개월 만에 방문했던 바, 이하의 상황이었습니다.
　1 전임자의 전근에 의해 담당자가 교체(오늘은 부재)
　2 경합 A사제품이 다수도입(적어도 4대는 목격)
　3 경합 B사, C사도 접근하는 상태
　잠시 방문할 수 없었던 저의 책임입니다만, 어떻게든 전시회에 내장하셔서
　반격을 하고 싶습니다.
　다음 주 중에 동행하시고 나서, 새로운 담당자와의 신뢰관계구축을 위한 인사와
　전시회권유의 지원을 해 주실 수 없을까요?
　시간 여부를 말씀해 주세요.

　이상

영업부 엄 재완
내선 4522
jaewann@hyundai.com

● 어휘설명

10_지시

지시메일은, 정보를 동시에 공유하고 철저하게 행동할 것을 재촉하는 것이다.
지시에 이르는 이유를 전하는 것과 함께, 내용을 이해할 수 있도록,
조목 별 쓰기, 덧붙여 쓰기 등을 활용하여 쓰자

● 지시의 메일에서 정해진 표현

표 현	사용의 예
ふまん 不満 불만	かれ せいひん じぶん のぞ きのう な こと ふまん 彼は製品に自分が望む機能が無い事が不満のようです。 그는 제품에 자신이 바라는 기능이 없는 것이 불만인 것 같습니다.
ぞうか 増加 증가	かいしゃ りえき ひやくてき ぞうか 会社の利益は飛躍的に増加しました。 회사의 이익은 비약적으로 증가했습니다.
りゅうい 留意 유의	いか てん とく りゅうい 以下の点に特に留意してほしいです。 이하의 점에 특히 유의해 주기를 바랍니다.
せいりせいとん 整理整頓 정리정돈	せいりせいとん にがて うえ めんどう 私は整理整頓が苦手な上に面倒くさがりです。 나는 정리정돈이 서툰데다가 성가셔 합니다.
かくじ 各自 각자	おくがい さぎょう かくじ あつ たいさく ねが いた 屋外での作業となりますので、各自、暑さ対策をお願い致します。 옥외에서의 작업이니까 각자, 더위대책을 부탁합니다.
くふう 工夫 아이디어	みず れんぞくてき なが くふう 水がとぎれることなく連続的に流れるような工夫がされています。 물이 끊기지 않고, 연속적으로 흐르도록 착안되어 있습니다.
しょり 処理 처리	あいて くじょう しょり 相手の苦情をうまく処理しました。 상대의 불평을 잘 처리했습니다.
かんきょう 環境 환경	かんきょう やさ こうつう じっけん はじ 環境に優しい交通システムの実験を始めました。 환경에 좋은 교통시스템의 실험을 시작했습니다.
はいりょ 配慮 배려	われわれ じょうきょう はいりょ ひつよう 我々はこれらの状況について配慮する必要があります。 우리들은 이러한 상황에 대해서 배려할 필요가 있습니다.
てっていてき 徹底的 철저	なに てっていてき はな あ かいぎ もよお 何かを徹底的に話し合うために、会議を催しました。 뭔가를 철저하게 대화하기 위해서 회의를 개최했습니다.
げんそく 原則 원칙	げんそく だいじ 私たちもこれらの原則を大事にしていきます。 저희들도 이러한 원칙을 소중히 해 가겠습니다.
～として ~로서	かれ しごと けっか くび 彼は仕事をサボった結果として、首になりました。 그는 일을 게을리 한 결과로서 해고가 되었습니다.
かくじつ 確実 확실	たい さいてき じょうほう かくじつ ていきょう ユーザに対して、最適な情報を、確実に提供しています。 사용자에 대해서 최적의 정보를, 확실히 제공하고 있습니다.
まかなう 조달하다	ぜいきん ぜいきん ねあ ひつよう 税金でまかなうには、税金の値上げが必要となります。 세금으로 조달하려면, 세금의 인상이 필요하게 됩니다.
いこう 意向 의향	けいかく かん いこう この計画に関するあなたのご意向はいかがですか？ 이 계획에 관한 당신의 의향은 어떻습니까?

이메일편 (E-mail)

표현	사용의 예
異(こと)なる 다르다	新製品(しんせいひん)は従来(じゅうらい)と異(こと)なる新(あたら)しい感(かん)じでした。 신제품은 종래와 다른 새로운 느낌이었습니다.
反映(はんえい) 반영	この数字(すうじ)は原油輸入減(げんゆゆにゅうげん)を反映(はんえい)しています。 이 숫자는 원유수입 감소를 반영하고 있습니다.
慣行(かんこう) 관행	法律(ほうりつ)で独占的取引慣行(どくせんてきとりひきかんこう)は禁止(きんし)されています。 법률로 독점적인 거래관행은 금지되어 있습니다.
段取(だんど)り 절차	これから出荷(しゅっか)の段取(だんど)りを開始(かいし)します。 앞으로 출하 절차를 개시하겠습니다.
分析(ぶんせき) 분석	事態(じたい)を分析(ぶんせき)して対策(たいさく)を立(た)てました。 사태를 분석해서 대책을 세웠습니다.
かまわない 상관없다	利益(りえき)があがれば費用(ひよう)はかまわないです。 이익이 올라가면 비용은 상관없습니다.
期限(きげん) 기한	プロセスの締切期限(しめきりきげん)を指定(してい)します。 프로세스의 마감기한을 지정하겠습니다.
ありえない 있을 수 없다	そのようなことが起(お)こるなんてありえないことです。 그러한 일이 일어나다니, 있을 수 없는 일입니다.
ささやかだ 자그마하다	ささやかながらお祝(いわ)いをさせて頂(いただ)ければと存(ぞん)じます。 자그마하지만 축하선물을 드리고 싶다고 생각합니다.
設定(せってい) 설정	新(あたら)しいシステムを設定(せってい)して仕事(しごと)をしました。 새로운 시스템을 설정해서 일을 했습니다.
順調(じゅんちょう) 순조	私(わたし)はあなたが健康(けんこう)で、仕事(しごと)が順調(じゅんちょう)に行(い)くことを祈(いの)っています。 나는 당신이 건강하고, 일이 순조롭게 가는 것을 기원하고 있습니다.
進(すす)む 진행되다	それはあなたのおかげで良(よ)い方向(ほうこう)に進(すす)んでいます。 그것은 당신 덕분으로 좋은 방향으로 진행되고 있습니다.
重(かさ)なる 겹치다	予定(よてい)が重(かさ)なって調整(ちょうせい)しています。 예정이 겹쳐서 조정하고 있습니다.
ところで 그런데	野田(のだ)さんから、取引先(とりひきさき)における話(はなし)は聞(き)きました。ところで、出張(しゅっちょう)はいつからですか。 노다 씨로부토, 거래처에서의 이야기는 들었습니다. 그런데, 출장은 언제부터입니까?
とりわけ 특히	委員会(いいんかい)はとりわけ彼(かれ)が昇進(しょうしん)することを推薦(すいせん)しました。 위원회는 특히 그가 승진하는 것을 추천했습니다.

표현	사용의 예
修正（しゅうせい） 수정	書類は、修正されたものを受け取りました。 서류는 수정된 것을 받았습니다.
依頼（いらい） 의뢰	申し訳ございませんが、先日の依頼は破棄してください。 죄송합니다만, 전날의 의뢰는 파기해 주세요.
業務（ぎょうむ） 업무	業務改善プロジェクトを行っています。 업무개선 프로젝트를 행하고 있습니다.
いちいち 일일이	いちいち言わなくても適当にやりなさい。 일일이 말하지 않아도 적당히 해라.
反応（はんのう） 반응	消費者の反応をみて決めましょう。 소비자의 반응을 보고 결정합시다.
再確認（さいかくにん） 재확인	私は感謝の気持ちの大切さを再確認した。 나는 감사의 마음의 소중함을 재확인했다.
伺う（うかがう） 찾아 뵙다	私はそちらへ伺うことを心から楽しみにしています。 나는 그곳에 찾아 뵙는 것을 마음으로부터 기대하고 있습니다.
至急（しきゅう） 즉시	至急その製品の修理をお願いします。 즉시, 그 제품의 수리를 부탁합니다.
承諾（しょうだく） 승낙	それを快く承諾いただき、ありがとうございます。 그것을 기분 좋게 승낙해 주셔서, 감사합니다.
指定（してい） 지정	別の日をご指定いただけませんか。 다른 날을 지정해 주실 수 없겠습니까?
訂正（ていせい） 정정	誤りを訂正して、メールで送ってください。 실수를 정정해서 메일로 보내주세요.
先ほど（さきほど） 조금 전	先ほどの電話の対応ありがとうございます。 조금 전의 전화대응은 감사합니다.
いきなり 갑자기	いきなり、ある疑問が頭に浮かびました。 갑자기, 어떤 의문이 머리에 떠올랐습니다.
最終日（さいしゅうび） 최종일	皆さんは、どうなさるか分かりませんが、私は最終日までその会議に参加する予定です。 여러분은 어떻게 하실지 모르겠습니다만, 저는 최종일까지 그 회의에 참가할 예정입니다.
同様（どうよう） 같음	後は上記と同様でございます。 나머지는 상기와 같습니다.

이메일편 (E-mail)

● 현장에서의 사용 예문_01

납기에 대한 정중한 지시

件名：納期について
丸岡 様

いつもお世話になっております。株式会社アイナビの厳です。
いつも丁寧な対応をしてくださり、ありがとうございます。
しかしながら、カーナビーの件について、設定した納期が過ぎて
おります。
そのため、迅速な対応をしていただけると、ありがたく存じます。
御社なら可能かと存じますので、
今後の迅速な対応を、どうぞよろしくお願い申し上げます。

アイナビ(株)　海外営業部　厳 在完
　　　　　　　　　　　　　　　オム ジェワン
jaewann@inavi.com
〒○○○-○○○○　韓国ソウル市江南区アイナビビル2-356
TEL：02-3333-9999(直通)　02-3333-8888(代表)
FAX：02-3333-7777
www.inavi.com

● 현장에서의 사용 예문_02

출장지시

件名：出張に行ってほしい
姜君

忙しいところすまない。
日本工場の工場長から私のところに連絡が入り、
スッキリトレールの生産ラインが現在ストップしているらしい。
どうやら原因はコンベアに紛れ込んだねずみらしい。
それがはっきりしていたらいいが、不確かなときは他の原因を
つきとめるべくすぐさま日本に急行してほしい。
よろしくお願いします。

==

アイナビ㈱　　海外営業部　厳 在完
　　　　　　　　　　　　　　オム　ジェワン
jaewann@inavi.com
〒○○○-○○○○　　韓国ソウル市江南区アイナビビル2-356
TEL：02-3333-9999(直通)　02-3333-8888(代表)
FAX：02-3333-7777
www.inavi.com

이메일편 (E-mail)

● 현장에서의 사용 예문_03

계약서류확인 건의 지시

件名：契約書確認の件
法務課・三木 様

三木さま、いつも大変お世話になっております。
本日は、お願いがあってメールしました。
至急で申し訳ないのですが明日までに私が担当している篠崎商事の
契約書のチェックをお願いしていただくことは可能でしょうか？
本来、契約書は当社雛形を使うのが基本ルールですが、先方と
交渉したところ、当社雛形契約書でなく、先方の契約書を使いたい
という強い申し出があったためです。
先方は契約書を考慮してもらえれば、契約自体は問題ないと言っております。ただし、非常に急いでいるということで、明後日に篠崎商事に訪問する予定です。このため、明日までにチェックいただくことが必要になってしまう
状況です。
このような至急の仕事をお願いできるのは、三木さんしかいません。
お忙しいことは理解しておりますが、よろしくお願いする次第です。
契約書をお持ちして説明しますので、都合のよいお時間を指定ください。

アイナビ(株)　海外営業部　厳 在完 (オム ジェワン)
jaewann@inavi.com
〒○○○-○○○○　韓国ソウル市江南区アイナビビル2-356
TEL：02-3333-9999(直通)　02-3333-8888(代表)
FAX：02-3333-7777
www.inavi.com

● 해석

납기에 대한 정중한 지시

건 명 : 납기에 대해서
마루오카 님

항상 신제를 지고 있습니다. 주식회사 아이나비의 엄입니다.
언제나 친절하게 대응해 주셔서 감사합니다.
그러나, 카 네비게이션 건에 대해서, 설정한 납기가 지났습니다.
그 때문에, 신속한 대응을 해 주실 수 있으면 감사하게 생각하겠습니다.
귀사라면 가능하다고 생각되니 앞으로의 신속한 대응을 부디 부탁말씀 드립니다.

아이나비㈜ 해외영업부 엄 재완
jaewann@hyundai.com
〒○○○-○○○○　　한국 서울시 강남구 아이나비건물 2-356
TEL : 02-3333-9999(직통) 02-3333-8888(대표)
FAX : 02-3333-7777
www.inavi.com

출장지시

건 명 : 출장 가 주기를 바란다
강 군

바쁜데 미안해.
일본공장의 공장장으로부터 나에게 연락이 왔는데, 숫키리트레일의 생산라인이
현재 멈춘 것 같아.
아무래도 원인은 컨베이어에 잠입한 쥐인 것 같아.
그것이 확실한 것 같은데, 불확실할 때는 다른 원인을 밝혀내기 위해 바로 일본에
급히 가 주기를 바래.
잘 부탁해.

아이나비㈜ 해외영업부 엄 재완
jaewann@hyundai.com
〒○○○-○○○○　　한국 서울시 강남구 아이나비건물 2-356
TEL : 02-3333-9999(직통) 02-3333-8888(대표)
FAX : 02-3333-7777
www.inavi.com

이메일편 (E-mail)

계약서류확인 건의 지시

건 명 : 계약서 확인의 건
법무과·미키 님

미키 님, 항상 매우 신세를 지고 있습니다.
오늘은, 부탁이 있어서 메일을 보냈습니다.
급히 죄송합니다만, 내일까지 제가 담당하고 있는 시노자키 상사의 계약서의 체크를
부탁하는 것은 가능할까요?
본래, 계약서는 당사 양식을 사용하는 것이 기본 룰이지만, 상대와 교섭했던 바,
당사 계약서가 아니고, 상대의 계약서를 사용하고 싶다는 강한 의사표시가 있었기 때문입니다.
상대는 계약서를 고려해 주면, 계약자체는 문제가 없다고 말하고 있습니다.
다만, 매우 서두르고 있는 것으로, 모레 시노자키 상사에 방문할 예정입니다.
이 때문에, 내일까지 체크해 줄 필요가 있는 상황입니다.
이러한 급한 일을 부탁할 수 있는 것은 미키 씨밖에 없습니다.
바쁜 것은 이해하고 있습니다만, 잘 부탁하는 바입니다.
계약서를 가지고 설명할 테니, 괜찮은 시간을 지정해 주세요.

아이나비㈜ 해외영업부 엄 재완
jaewann@hyundai.com
〒○○○-○○○○ 한국 서울시 강남구 아이나비건물 2-356
TEL : 02-3333-9999(직통) 02-3333-8888(대표)
FAX : 02-3333-7777
www.inavi.com

● 어휘설명

11_제안

제안 메일은, 어떤 문제가 있는가, 그 문제를 해결하는 것으로 어떤 효과가 있는가를 명기하다.
단순한 불만의 호소로는 제안은 받아들여지지 않는다.
그리고, 임직원들의 업무능력 향상이나, 거래처와의 인간관계를 원활히 유지하기 위해서 알아야 할,
기본적인 교양이나 지식의 습득 강좌수강에 대해서도 제안을 하기도 한다.

이메일편 (E-mail)

● 제안의 메일에서 정해진 표현

표현	사용의 예
実践(じっせん) 실천	私(わたし)には知識(ちしき)だけではなく、実践(じっせん)が必要(ひつよう)だと感(かん)じています。 저에게는 지식뿐만 아니라, 실천이 필요하다고 느끼고 있습니다.
養(やしな)う 부양하다	あなたの給料(きゅうりょう)は家族(かぞく)を養(やしな)うのに十分(じゅうぶん)ですか。 당신의 급료는 가족을 부양하는데 충분합니까?
招待(しょうたい) 초대	私(わたし)たちは近(ちか)い将来(しょうらい)、山田(やまだ)さんを韓国(かんこく)に招待(しょうたい)したいです。 우리들은 가까운 장래에 야마다 씨를 한국에 초대하고 싶습니다.
講師(こうし) 강사	あなたは英語講師(えいごこうし)のアルバイトをしてみたらどうですか? 당신은 영어강사의 아르바이트를 해 보면 어떻습니까?
演説(えんぜつ) 연설	英語(えいご)で演説(えんぜつ)するのは初(はじ)めてです。 영어도 연설하는 것은 처음입니다.
添付(てんぷ) 첨부	添付資料(てんぷしりょう)を参照(さんしょう)してください。 첨부자료를 참조해 주세요.
減(へ)らす 줄이다	私(わたし)たちはエネルギーの使用(しよう)を減(へ)らすことができます。 우리들은 에너지의 사용을 줄일 수가 있습니다.
増(ふ)やす 늘리다	生産(せいさん)を増(ふ)やすために休日数(きゅうじつすう)を減(へ)らした企業(きぎょう)もあります。 생산을 늘리기 위해서 휴일 수를 줄인 기업도 있습니다.
手当(てあ)て 수당	時間外(じかんがい)に働(はたら)けば特別手当(とくべつてあ)てが出(で)ます。 시간 외에 일을 하면 특별수당이 나옵니다.
残業(ざんぎょう) 잔업	会社側(かいしゃがわ)は残業(ざんぎょう)を強制(きょうせい)しません。 회사 측은 잔업을 강제하지 않습니다.
収入(しゅうにゅう) 수입	彼(かれ)は給料以外(きゅうりょういがい)に相当(そうとう)な収入(しゅうにゅう)があります。 그는 급료 이외에 상당한 수입이 있습니다.
支出(ししゅつ) 지출	我々(われわれ)は支出(ししゅつ)を削減(さくげん)するあらゆる可能(かのう)な方法(ほうほう)を探(さが)りました。 우리들은 지출을 삭감하는 모든 가능한 방법을 찾았습니다.
費用(ひよう) 비용	通訳(つうやく)の費用(ひよう)について見積(みつ)もりを出(だ)してもらえますか? 통역의 비용에 대해서 견적을 내 줄 수 있겠습니까?
収益(しゅうえき) 수익	会社(かいしゃ)には明確(めいかく)な収益分配方針(しゅうえきぶんぱいほうしん)がないです。 회사에는 명확한 수익분배방침이 없습니다.
浪費(ろうひ) 낭비	努力(どりょく)が補填的(ほてんてき)な利益(りえき)をもたらさない場合(ばあい)、それは浪費(ろうひ)です。 노력이 보전적인 이익을 초래하지 않을 경우, 그것은 낭비입니다.

표현	사용의 예
拡張 (かくちょう) 확장	販路拡張のために、関係者にメールを送って返事を待っていますが、まだ何の連絡もございません。 판로확장을 위해서 관계자에게 메일을 보내고 답변을 기다리고 있습니다만, 아직 아무런 연락도 없습니다.
縮小 (しゅくしょう) 축소	どうにか契約縮小することができたようです。 그럭저럭 계약을 축소할 수가 있었던 것 같습니다.
防止 (ぼうし) 방지	カードの不正利用を防止します。 카드의 부정이용을 방지합니다.
防ぐ (ふせぐ) 막다	表記されている動向は、未然に防ぐことが可能です。 표기되어 있는 동향은, 미연에 막는 것이 가능합니다.
突然 (とつぜん) 돌연	この突然の発表は多くの人にショックを与えました。 이 갑작스런 발표는 많은 사람에게 쇼크를 주었습니다.
簡便化 (かんべんか) 간편화	部品が納品されるまでの手続きを簡便化しました。 부품이 납품되기까지의 수속을 간편화했습니다.
図る (はかる) 도모하다	この部門のコンピューター化を一日も早く図るべきです。 이 부문의 컴퓨터 화를 하루라도 빨리 도모해야만 합니다.
品質 (ひんしつ) 품질	品質の評価基準を設けました。 품질의 평가기준을 마련했습니다.
評価 (ひょうか) 평가	業務の評価方法を決めました。 업무의 평가방법을 결정했습니다.
興味 (きょうみ) 흥미	日本の文化で興味のあることはありますか? 일본의 문화에서 흥미가 있는 것은 있습니까?
生産 (せいさん) 생산	生産管理システムを拡充しました。 생산관리시스템을 확충했습니다.
手配 (てはい) 알아봄	私はあなたの注文を間違えて手配しました。 나는 당신의 주문을 잘못 알아보았습니다.
ぜひ 꼭	もし手伝いが必要なら、ぜひお知らせください。 만일 도움이 필요하면 꼭 알려주세요.
幸い (さいわい) 다행	ご返事いただければ幸いです。 답변을 해 주시면 다행이겠습니다.
取扱う (とりあつかう) 취급하다	外国行きの荷物はここで取扱います。 외국행의 짐은 여기서 취급합니다.

이메일편 (E-mail)

표현	사용의 예
販路(はんろ) 판로	海外販路拡大のために、会議が開かれました。 해외판로확대를 위해서 회의가 개최되었습니다.
拡大(かくだい) 확대	提示されたモデルは規模拡大したものです。 제시된 모델은 규모확대한 것입니다.
自社(じしゃ) 자사	自社の研究開発のために、銀行からお金を借りました。 자사의 연구개발을 위해서, 은행에서 돈을 빌렸습니다.
新(あら)ただ 새롭다	我々は新たな種類の問題に直面しています。 우리들은 새로운 종류의 문제에 직면하고 있습니다.
販促(はんそく) 판촉	それは販促活動において非常に役立つでしょう。 그것은 판촉활동에서 매우 도움이 되겠죠.
一貫(いっかん) 일관	我々は終始一貫してそれに反対してきました。 우리들은 시종일관 그것에 반대해 왔습니다.
好成績(こうせいせき) 호성적	今年の好成績は会社にとって大きな励みになります。 올해의 호성적은 회사에 있어서 큰 위안이 됩니다.
収(おさ)める 거두다	成功を収めるために、不正な方法を使ってはいけません。 성공을 거두기 위해서 부정한 방법을 사용해서는 안 됩니다.
以降(いこう) 이후	来週以降にご足労いただいてもよろしいでしょうか？ 다음 주 이후에 오셔도 괜찮겠습니까?
注文(ちゅうもん) 주문	多量の注文の受注を受けてとても忙しいです。 다량의 주문의 수주를 받아서 매우 바쁩니다.
数量(すうりょう) 수량	数量が間違いないようにご注意ください。 수량이 틀리지 않도록 주의해 주세요.
早(はや)めに 조금 빨리	商品が売り切れないうちに早めにお求めください。 상품이 품절되기 전에 빨리 사세요.
代替案(だいたいあん) 대체안	申し訳ございませんが、代替案は現在検討中です。 죄송합니다만, 대체안은 현재 검토 중입니다.
確保(かくほ) 확보	その予算は確保されているでしょうか？ 그 예산은 확보되어 있는 것입니까?
見込(みこ)み 전망	事態は好転の見込みがなさそうです。それで会社側は今回の件はあきらめることにしました。 사태는 호전의 전망이 없을 것 같습니다. 그래서 회사측은 이번 건은 포기하기로 했습니다.

● 현장에서의 사용 예문_01

신제품의 제안

件名：新製品「スッキリ目」の件
イエローハット株式会社 営業部　黒田 様

　いつも大変お世話になっております。株式会社アイナビの厳です。
先日ご案内いたしました新製品「スッキリ目」ですが、
おかげさまで各販売店にて好成績をおさめております。
今月末日までにご連絡いただければ、来月中旬の御社販促
キャンペーンに納品できます。
今一度、ぜひご検討ください。
なお、来月以降のご注文となりますと、他販売店による販促展開が
重なることもあり、数量確保が難しくなってしまいます。
ご利用の際は、お早めにお願いいたします。
お忙しい時期に申し訳ありませんが、
ご検討の程、何卒よろしくお願いいたします。

アイナビ(株)　　海外営業部　厳 在完
 　　　　　　　　　　　　　　オム　ジェ ワン
jaewann@inavi.com
〒○○○-○○○○　　韓国ソウル市江南区アイナビビル2-356
TEL：02-3333-9999(直通)　02-3333-8888(代表)
FAX：02-3333-7777
www.inavi.com

- 현장에서의 사용 예문_02

신상품 안내제안

件名：新商品のご案内
オート・ボックス株式会社 営業部　佐藤 様

突然のメールにて失礼いたします。
私、自動車のブラックボックスの開発、生産をしております、
株式会社アイナビの営業部の厳と申します。
この度、ぜひ弊社の製品をサンプルとして佐藤様に
お使いいただけないかと思い、ご連絡をいたしました。
今回、弊社がご提案するのは新商品の「スッキリ目」です。
ポイントとなる商品特徴としては、女性ユーザーを意識した、
機能の簡便化を図りながらも、バッテリー付なのでエンジン停止時も
録画できます。
佐藤様にご使用いただき、品質的に評価をいただけるようでしたら
ぜひ、御社でのお取扱をご検討いただければと思っております。
ご興味がおありであれば、すぐにサンプルの手配をいたします。
後日、改めてご連絡差し上げますのでご回答いただければ幸いです。
ご多用の折恐れ入りますが、ぜひご検討くださいますよう
お願い申し上げます。

===

アイナビ(株)　　海外営業部 厳 在完(オム ジェワン)
jaewann@inavi.com
〒○○○-○○○○　韓国ソウル市江南区アイナビビル2-356
TEL：02-3333-9999(直通)　02-3333-8888(代表)
FAX：02-3333-7777
www.inavi.com

● 현장에서의 사용 예문_03

신규거래의 부탁제안

件名：新規取引のお願い
イロハ株式会社 自動車用品販売部　販促ご担当者 様

時下ますますご清栄のこととお喜び申し上げます。
自動車のブラックボックスの企画・販売をしております、
株式会社アイナビの営業部の厳と申します。
この度は、突然のメールで恐縮でございますが、
貴社と新規に取引をお願いいたしたく、ご連絡を差し上げた次第です。
弊社では、自社で一貫した管理体制のもと、自動車をお持ちの方を
対象にした製品を企画・販売しており、韓国を中心に、
中国・ホンコンとお取引をいただいております。
今回、新たに日本への販路拡大を図りたいと考えていたところ、
貴社のご隆盛を承り、是非ともお取引願いたいと存じた次第です。
つきましては、一度貴社にお伺いし、ご挨拶をさせていただければ
と存じます。
貴社のご都合に合わせてお伺いいたしますので、ご検討の上、
お返事いただければ幸いです。
なお、弊社の実績・事業内容などにつきましては、
下記のリンクより弊社会社概要をご高覧下さい。
→http://www.xxxxx.co.kr/xxxx.pdf

まずはメールにて、新規お取引のお願いまで申し上げます。。

===

アイナビ(株)　営業部　厳 在完（オム ジェワン）
jaewann@inavi.com
〒○○○-○○○○　韓国ソウル市江南区アイナビビル2-356
TEL：02-3333-9999(直通)　02-3333-8888(代表)
FAX：02-3333-7777
www.inavi.com

이메일편 (E-mail)

● 해석

신제품의 제안

건 명 : 신제품「숫끼리 메」의 건
옐로 햇 주식회사 영업부 쿠로다 님

　　항상 매우 신세를 지고 있습니다. 주식회사 아이나비의 엄입니다.
　　전날 안내한 신제품「숫끼리 메」입니다만, 덕분에 각 판매점에서 호성적을 거두고 있습니다.
　　이번 달 말일까지 연락해 주시면 다음 달 중순의 귀사 판촉캠페인에 납품할 수 있습니다.
　　지금 한 번 꼭 검토해 주세요.
　　그리고, 다음 달 이후의 주문은 타 판매점에 의한 판촉전개가 겹치는 경우도 있어서, 수량확보가
　　어려워집니다. 이용하실 때는, 조금 빨리 부탁합니다.
　　바쁜 시기에 죄송합니다만, 검토를 잘 부탁드립니다.

아이나비㈜ 해외영업부　엄 재완
jaewann@hyundai.com
〒000-0000　　한국 서울시 강남구 아이나비건물 2-356
TEL : 02-3333-9999(직통) 02-3333-8888(대표)
FAX : 02-3333-7777
www.inavi.com

신상품 안내제안

건 명 : 신상품의 안내
오토박스 주식회사 영업부 사토 님

　　갑작스런 메일로 실례하겠습니다. 저는 자동차 블랙박스의 개발, 생산을 하고 있는
　　주식회사 아이나비 영업부의 엄입니다.
　　이 번에 꼭 저희 회사의 제품을 샘플로서 사토 님께서 사용해 주실 수 없는가 하여,
　　연락을 드렸습니다.
　　이 번에 저희 회사가 제안하는 것은 신상품「숫끼리 메」입니다.
　　포인트가 되는 상품의 특징으로서는, 여성사용자를 의식한 기능의 간편화를 도모하면서도,
　　배터리가 붙어 있기 때문에 엔진이 정지 시에도 녹화를 할 수 있습니다.
　　사토 님께서 사용하시고, 품질적으로 평가를 받을 수 있을 것 같으면, 꼭 귀사에서의 취급을
　　검토해 주시도록 부탁 드립니다.
　　흥미가 있으시면, 바로 샘플을 알아보겠습니다.
　　후일, 새로이 연락드릴 테니 회답을 주시면 감사하겠습니다.
　　바쁘실 때 죄송합니다만, 꼭 검토해 주시도록 부탁말씀 드립니다.

아이나비㈜ 해외영업부　엄 재완
jaewann@hyundai.com
〒000-0000　　한국 서울시 강남구 아이나비건물 2-356
TEL : 02-3333-9999(직통) 02-3333-8888(대표)
FAX : 02-3333-7777
www.inavi.com

신규거래의 부탁제안

건 명 : 신규거래의 부탁
이로하 주식회사 자동차용품판매부 판촉담당자 님

    요즘 점점 더 발전하시는 것 경하말씀 드립니다.
    자동차의 블랙박스의 기획, 판매를 하고 있는 주식회사 아이나비 영업부의 엄이라고 합니다.
    이 번에 갑작스런 메일로 죄송합니다만, 귀사와 신규로 거래를 부탁하고 싶어서,
    연락을 드리는 바입니다.
    저희 회사에서는, 자사에서 일관된 관리체제 하에서 자동차를 가지고 계신 분을 대상으로 한
    제품을 기획, 판매하고 있고, 한국을 중심으로 중국, 홍콩과 거래를 하고 있습니다.
    이 번에, 새롭게 일본으로의 판로 확대를 도모하고 싶다고 생각하고 있는 중에,
    귀사의 번성함을 듣고, 꼭 거래를 하고 싶다고 생각했던 바입니다.
    그런고로 한 번 귀사를 찾아뵙고, 인사를 드리면 좋겠습니다.
    귀사의 시간에 맞추어 찾아뵙고 싶으니, 검토를 하신 후, 답변해 주시면 감사하겠습니다.
    그리고, 저희 회사의 실적과 사업내용 등에 대해서는 하기의 링크에서 저희 회사의
    회사개요를 봐 주세요.
    → http://www.XXXXX.co.kr/XXXX.pdf

    우선은 메일로, 신규 거래의 부탁말씀 드립니다.

아이나비㈜ 영업부 엄 재완
jaewann@hyundai.com
〒○○○-○○○○　　한국 서울시 강남구 아이나비건물 2-356
TEL : 02-3333-9999(직통) 02-3333-8888(대표)
FAX : 02-3333-7777
www.inavi.com

이메일편 (E-mail)

● 어휘설명

12_재촉

재촉메일은, 약속을 했는데, 그것이 이루어지지 않았을 때에 상대방의 행동을 자발적으로 재촉하고, 거래관계의 개선을 도모하기 위한 것이다. 납기랑 마감이 늦은 시점에서 재빨리 연락하도록 하자. 또, 상대방이 약속을 했는데 지키지 않았다고는 해도, 친절한 말로 사실을 전하고, 기분을 상하지 않도록 표현에 주의하도록 하자.

이메일편 (E-mail)

● 재촉의 메일에서 정해진 표현

표현	사용의 예
送付(そうふ) 송부	契約書送付が遅くなり申し訳ございません。 계약서송부가 늦어져서 죄송합니다.
即日(そくじつ) 당일	その商品は即日発送できますか？ 그 상품은 당일 발송 가능합니까?
手数(てすう) 수고	お手数をおかけしてすみません。 수고를 끼쳐서 죄송합니다.
容赦(ようしゃ) 용서	ご面倒をおかけして恐縮ですが、ご容赦ください。 번거롭게 해서 죄송합니다만, 용서해 주세요.
至(いた)る 이르다	今日に至るまでわかった事実はこれだけです。 오늘에 이르기까지 알 수 있었던 사실은 이것뿐입니다.
仕入(しい)れ 구입	早速の返信と修正した仕入れ書を下さりありがとうございます。 바로 답변과 수정된 구입서를 보내주셔서 감사합니다.
品揃(しなぞろ)え 상품구색	その店は品揃えが豊富で買い物が楽しかった。 그 가게는 상품구색이 풍부해서 쇼핑이 즐거웠다.
加(くわ)える 더하다	私はそれに新しく修正を加えました。 나는 그것에 새롭게 수정을 더했습니다.
話題(わだい) 화제	それは日本でも、大変話題になっています。 그것은 일본에서도 매우 화제가 되었습니다.
精算書(せいさんしょ) 정산서	精算書を来週までに出してください。 정산서를 다음 주까지 제출해 주세요.
督促(とくそく) 독촉	督促メールを担当者にお送りします。 독촉메일을 담당자에게 보내겠습니다.
すでに 이미	すでに報告済みということをお知らせします。 이미 보고가 끝났다는 것을 알려드리겠습니다.
最悪(さいあく) 최악	最悪の場合の覚悟はできています。 최악의 경우의 각오는 되어 있습니다.
見通(みとお)し 전망	次に何が起こるか、見通しが立ちません。 다음에 무슨 일이 일어날지 전망이 서지 않습니다.
～をもって ～으로	これをもってあらゆる取引は中止します。 이것으로 모든 거래는 중지하겠습니다.

표현	사용의 예
修理契約（しゅうりけいやく） 수리계약	修理契約はとりあえず1年にしました。 수리계약은 우선 1년으로 했습니다.
締結（ていけつ） 체결	契約を締結する際に協議する必要があります。 계약을 체결할 때에 협의할 필요가 있습니다.
未（いま）だに 여태껏	その問題を未だに引きずっています。 그 문제를 여태껏 질질 끌고 있습니다.
履行（りこう） 이행	この契約は当事者全部が履行すべきものです。 이 계약은 당사자 전부가 이행해야만 하는 것입니다.
控（ひか）える 기록하다	後日のためそのお言葉を控えておきます。 후일을 위해서 그 말씀을 기록해 두겠습니다.
不安（ふあん） 불안	先行きが不安で心配です。 장래가 불안해서 걱정입니다.
支障（ししょう） 지장	資金不足が研究に支障をもたらしています。 자금부족이 연구에 지장을 초래하고 있습니다.
来（き）たす 가져오다	コストの上昇を来たすことなく、製品を生産しています。 비용의 상승을 가져오지 않고, 제품을 생산하고 있습니다.
要請（ようせい） 요청	早急に部品の入れ替えを要請してください。そうでないと、締切日までは間に合いません。 즉시 부품의 교체를 요청해 주세요. 그렇지 않으면 마감일까지는 맞출 수 없습니다.
代金（だいきん） 대금	代金の支払日はいつですか。 대금의 지급일은 언제입니까?
請求（せいきゅう） 청구	上記金額をご請求いたします。 상기금액을 청구하겠습니다.
送金（そうきん） 송금	海外への送金には郵便送金と電信送金がご利用いただけます。 해외로의 송금에는 우편송금과 전신송금을 이용하실 수 있습니다.
当方（とうほう） 이쪽	当方でも必ず尽力を致します。 이쪽에서도 반드시 진력을 다 하겠습니다.
生（しょう）じる 생기다	生じた利息は貯金口座に入金されます。 발생한 이자는 저금구좌에 입금됩니다.
返却（へんきゃく） 반납	この製品は取引先より返却されました。 이 제품은 거래처로부터 반납되었습니다.

이메일편 (E-mail)

표현	사용의 예
支払日 (しはらいび) 지급일	それは既に支払日を過ぎています。 그것은 이미 지급일을 지났습니다.
親会社 (おやがいしゃ) 모회사	その部署は、その親会社から分離されました。 그 부서는 그 모회사에서 분리되었습니다.
苦慮 (くりょ) 몹시 고심함	問題の解決に苦慮しています。 문제의 해결에 몹시 고심하고 있습니다.
着手金 (ちゃくしゅきん) 착수금	この仕事の着手金は100万円です。 이 일의 착수금은 100만 엔입니다.
日ごろ (ひごろ) 평소	皆様の日ごろの協力に感謝するためにディナーを計画しております。ぜひご参加ください。 여러분의 평소의 협력이 감사하기 위해서 디너파티를 계획하고 있습니다. 꼭 참가해 주세요.
届く (とどく) 도달되다	本日、あなたが送ってくれた荷物が届きました。 오늘, 당신이 보내 준 짐이 도달되었습니다.
あしからず 언짢아 마시고	父の急病のため欠席いたしました。あしからずご了承ください。 아버지의 갑작스런 병 때문에 결석했습니다. 언짢아 마시고 양해해 주세요.
残金 (ざんきん) 잔금	私はその残金を今日送金しました。 나는 그 잔금을 오늘 송금했습니다.
宛に (あてに) 앞으로	あなたが送ったメールが間違って私宛に届きました。 당신이 보낸 메일이 잘못해서 내 앞으로 도달되었습니다.
種々 (しゅじゅ) 여러 가지	当社は種々の方法を試みました。 당사는 여러 가지의 방법을 시험했습니다.
可及的 (かきゅうてき) 가급적	キーボード収納装置を可及的に小型化しました。 키보드 수납장치를 가급적 소형화했습니다.
速やかに (すみやかに) 신속하게	私の質問に対して速やかに答えてください。 나의 질문에 대해서 신속하게 대답해 주세요.
入金 (にゅうきん) 입금	ご入金の確認後に発送いたします。 입금 확인 후에 발송하겠습니다.
誤送品 (ごそうひん) 물건을 잘못 보냄	誤送品などの返品にかかる手数料は当社が負担致します。 잘못 보낸 물건 등의 반품에 드는 수수료는 당사가 부담하겠습니다.
引き取る (ひきとる) 받다, 인수하다	弊社の営業担当が、後ほど商品を引き取りに伺います。 저희 회사의 영업담당이 나중에 상품을 받으러 찾아 뵙겠습니다.

● 현장에서의 사용 예문_01

납품재촉

件名： 納品督促について
ニッサン自動車株式会社 生産部　秋田 様

　前略　取り急ぎ用件のみ申し上げます。
さて、当社注文につきまして、再三電話などで督促申し上げております。
貴ご担当秋田様のご努力は痛いほど感じられ、感謝しておりますが、
今のところ納期の見通しが立っていないことも事実であります。
本注文品は、当社最重要お得意先試作ライン向けで、今回は数量が
少ないとはいえ、将来見通しは期待できるものです。
どうか会社ベースでお取り組みいただき、今月１５日までに
納品いただくようメールをもってお願いいたす次第です。
折返しのご連絡をお待ちしております。

アイナビ(株)　　海外営業部　厳 在完
　　　　　　　　　　　　　　　(オム　ジェワン)
jaewann@inavi.com
〒○○○-○○○○　韓国ソウル市江南区アイナビビル2-356
TEL：02-3333-9999(直通)　02-3333-8888(代表)
FAX：02-3333-7777
www.inavi.com

● 현장에서의 사용 예문_02

카탈로그송부의 재촉

件名：カタログ送付のお願い
オート・自動車株式会社 営業部　宮本 様

　貴社ますます盛栄のこととお喜び申し上げます。
　日ごろは格別のご愛顧を賜り、ありがたくお礼申し上げます。
　さて、先般ご請求申し上げました御社カタログですが、
　5月4日現在、いまだ届いておりません。
　何かの手違いかと思いますが、本メールが到達し次第、
　早急にカタログの送付をお願いいたします。
　まずは、取り急ぎ送付のお願いまで。

アイナビ(株)　　海外営業部 厳 在完
　　　　　　　　　　　　　　オム　ジェワン
jaewann@inavi.com
〒○○○-○○○○　韓国ソウル市江南区アイナビビル2-356
TEL：02-3333-9999(直通)　02-3333-8888(代表)
FAX：02-3333-7777
www.inavi.com

● 현장에서의 사용 예문_03

잔금지불의 재촉

件名：９月分残金のお支払いについて
イロハ商事　総務部　青木 様

　貴社ますますご清栄のこととお慶び申し上げます。
　平素は格別のご厚情を賜り厚く御礼申し上げます。
　さて、９月末日付にてご請求いたしました９月分の代金につきまして、
　下記のとおり弊社請求額と貴社お振り込み額とのあいだに残金が
　生じております。
　１１月１日に弊社経理部門より連絡を受けて以降、
　ご説明をお受けいたしたく貴職宛に何度かお電話を差しあげましたが、
　いまだ連絡のつかない状態が続いております。
　貴社との長いお取引の中で今までなかったことでありますゆえ、
　小職としても困却している次第です。
　貴社にも種々ご事情がおありのことと拝察いたしますが、
　至急小職にご連絡をいただくとともに、可及的速やかに
　残金をお支払いくださいますようお願い申し上げます。

　　　　　　　　　　　　　記
　　弊社ご請求額　４，３２１，０００円　（請求№.９－３４３９）
　　貴社ご入金額　２，０００，０００円　（１０月３０日記帳）
　　残　　　金　２，３２１，０００円

　　　　　　　　　　　　　　　　　　　　　　　　　　　　以上

　　　　　　　　　　　オム　ジェ ワン
アイナビ(株)　　海外営業部 厳 在完
jaewann@inavi.com
〒○○○-○○○○　　韓国ソウル市江南区アイナビビル2-356
TEL：02-3333-9999(直通)　02-3333-8888(代表)
FAX：02-3333-7777
www.inavi.com

● 해석

납품재촉

건 명 : 납품독촉에 대해서
닛산 자동차주식회사 생산부 아키다 님

전략 급하게 용건만 말씀 드립니다.
그런데, 당사 주문에 대해서, 여러 번 전화 등으로 독촉말씀 드렸습니다.
귀 담당자 아키다 님의 노력은 뼈저리게 느끼고, 감사하고 있습니다만,
현재 납기의 전망이 서지 않은 것도 사실입니다.
본 주문품은, 당사에서 아주 중요한 단골거래처 시제품라인 용으로, 이번에는 수량이 적지만,
장래의 전망으로는 기대할 수 있는 것입니다.
부디 회사 차원에서 조치를 취하셔서, 이번 달 15일까지 납품해 주실 수 있도록
메일로 부탁하는 바입니다.
빠른 연락을 기다리고 있겠습니다.

아이나비㈜ 해외영업부 엄 재완
jaewann@hyundai.com
〒○○○-○○○○   한국 서울시 강남구 아이나비건물 2-356
TEL : 02-3333-9999(직통) 02-3333-8888(대표)
FAX : 02-3333-7777
www.inavi.com

카탈로그송부의 재촉

건 명 : 카탈로그송부의 부탁
오토 자동차 주식회사 영업부 미야모토 님

귀사가 점점 더 번성하는 것 경하말씀 드립니다.
평소에 각별한 애호를 받아 감사히 인사말씀 드립니다.
그런데, 지난 번 청구 드린 귀사의 카탈로그입니다만,
5월 4일 현재, 여태껏 도착하지 않았습니다.
뭔가 착오가 있었다고 생각합니다만, 본 메일이 도착하는 대로,
바로 카탈로그의 송부를 부탁합니다.
우선은, 급히 송부의 부탁을 드립니다.

아이나비㈜ 해외영업부 엄 재완
jaewann@hyundai.com
〒○○○-○○○○   한국 서울시 강남구 아이나비건물 2-356
TEL : 02-3333-9999(직통) 02-3333-8888(대표)
FAX : 02-3333-7777
www.inavi.com

잔금지불의 재촉

건 명 : 9월분 잔금의 지불에 대해서
이로하 상사 총무부 아오키 님

귀사가 점점 더 번성하는 것 경하말씀 드립니다.
평소는 각별한 후의를 받아서 깊이 감사말씀 드립니다.
그런데, 9월 말일부로 청구한 9월 분의 대금에 대해서, 하기 대로 저희 회사 청구액과
귀사의 이체금액과의 사이에 잔금이 생겼습니다.
11월 1일에 저희 회사 경리부분으로부터 연락을 받은 이후, 설명을 받고 싶어서
귀사 앞으로 몇 번이나 전화를 드렸습니다만, 여태껏 연락이 되지 않은 상태가
계속되고 있습니다.
귀사와의 오랜 거래 속에서 지금까지 없었던 일이기 때문에, 소관으로서도 아주
당혹스러운 바입니다.
귀사에도 여러 사정이 있을 거라고 추측됩니다만, 즉시 소관에게 연락을 해 주시는
것과 함께 가급적 신속하게 잔금을 지불해 주시도록 부탁합니다.

기

저희 회사 청구액　　4,321,000엔　(청구 No.9 - 3439)
귀사　　입금액　　2,000,000엔　(10월 30일 기장)
잔　　　금　　　　2,321,000엔

이상

아이나비㈜ 해외영업부　엄 재완
jaewann@hyundai.com
〒 ○○○-○○○○　　한국 서울시 강남구 아이나비건물 2-356
TEL : 02-3333-9999(직통)　02-3333-8888(대표)
FAX : 02-3333-7777
www.inavi.com

이메일편 (E-mail)

● 어휘설명

13_주의

주의메일은, 우리 쪽에서 거래처에 주문, 반송, 송금, 의뢰 등을 할 때, 잘못된 내용을 보내지 않도록 하는 것이 중요하다. 만일, 실수를 범하거나, 잘못을 했을 경우는 지체하지 말고 사과의 내용과 함께, 잘못된 부분을 정정해서 알리도록 하자. 이런 종류의 메일은 타이밍이 중요하고,
진심이 담긴 사과와 함께 두 번 다시 이런 일이 일어나지 않도록 하는 각오를 담아서 보내는 것이 좋다.

이메일편 (E-mail)

● 주의의 메일에서 정해진 표현

표현	사용의 예
指摘(してき) 지적	お客様の指摘によって判明しましたが、誤発送がありました。 손님의 지적에 의해 판명되었습니다만, 잘못된 발송이 있었습니다.
見積書(みつもりしょ) 견적서	返信を受け取り次第、修正した見積書を送ります。 답신을 받는 대로 수정된 견적서를 보내겠습니다.
判明(はんめい) 판명	調査の結果不具合の原因が判明しました。 조사의 결과 상황이 좋지 않은 원인이 판명되었습니다.
最終的(さいしゅうてき) 최종적	私は本社にその箱のデザインの最終的な確認をしました。 나는 본사에 그 상자 디자인의 최종적인 확인을 했습니다.
不審(ふしん) 수상함	不審なところがございましたらいつでもご連絡ください。 수상한 점이 있으시면 언제든지 연락주세요.
単純(たんじゅん) 단순	単純なミスからこのようなことになってしまい、深く反省しております。 단순한 실수에서 이렇게 되어버려, 깊게 반성하고 있습니다.
間違い(まちがい) 틀림	仕事をしている中で、よく数字の間違いをしてしまうことが多々あります。 일을 하고 있는 중에, 자주 숫자의 실수를 해버리는 경우가 자주 있습니다.
決して(けっして) 결코	決してご心配には及びません。 결코 걱정할 필요는 없습니다.
不十分(ふじゅうぶん) 불충분	調査したところ、最終チェックが不十分だったことがわかりました。 조사했던 바, 최종 체크가 불충분했다는 것을 알 수 있었습니다.
大幅(おおはば) 큰 폭	大幅な予算削減は避けられません。 큰 폭의 예산삭감은 피할 수 없습니다.
喚起(かんき) 환기	とんでもないミスがないように従業員に注意喚起をさせました。 터무니 없는 실수가 없도록 종업원에게 주의를 환기시켰습니다.
記述(きじゅつ) 기술	詳しいことは、下のとおりに記述されています。 상세한 것은, 아래 대로 기술되어 있습니다.
出張(しゅっちょう) 출장	私は明日は私用で出張が出来なくなりました。 나는 내일은 개인적인 일로 출장을 갈 수 없게 되었습니다.
規定(きてい) 규정	規定に従っていない場合は取引を中止します。 규정에 따르지 않은 경우는 거래를 중지하겠습니다.
違反(いはん) 위반	過去に同様の違反行為が行われたことがあります。 과거에 같은 위반행위가 행해진 적이 있습니다.

표현	사용의 예
周知(しゅうち) 주지	その会社(かいしゃ)は法令(ほうれい)等(など)の周知(しゅうち)義務(ぎむ)に違反(いはん)していることが判明(はんめい)しました。 그 회사는 법령 등의 주지의무를 위반한 것이 판명되었습니다.
あたる 임하다	現在(げんざい)、その問題(もんだい)を解決(かいけつ)するために全力(ぜんりょく)で対応(たいおう)にあたっております。 현재, 그 문제를 해결하기 위해서 전력으로 대응에 임하고 있습니다.
自覚(じかく) 자각	自分(じぶん)の力(ちから)の足(た)りない事(こと)は自覚(じかく)しています。 자신의 힘이 부족한 것은 자각하고 있습니다.
方式(ほうしき) 방식	現在(げんざい)のチェック方式(ほうしき)を一部(いちぶ)改訂(かいてい)しました。 현재의 체크방식을 일부 개정했습니다.
改訂(かいてい) 개정	契約(けいやく)条件(じょうけん)の改訂(かいてい)を求(もと)めています。 계약조건의 개정을 요구하고 있습니다.
難題(なんだい) 난제	その難題(なんだい)を解決(かいけつ)するために、メールをしました。 그 난제를 해결하기 위해서 메일을 보냈습니다.
直(なお)す 고치다	製品(せいひん)に問題(もんだい)があったらすぐ直(なお)すべきです。 제품에 문제가 있으면 바로 고쳐야만 합니다.
冷静(れいせい) 냉정	冷静(れいせい)に判断(はんだん)することができればそれほど慌(あわ)てる事(こと)ではありません。 냉정하게 판단할 수가 있다면 그다지 당황할 일은 아닙니다.
余計(よけい) 쓸데없음	御社(おんしゃ)に余計(よけい)な仕事(しごと)をさせてしまい、大変(たいへん)申(もう)し訳(わけ)ありません。 귀사에 쓸데없는 일을 시켜버려, 대단히 죄송합니다.
素直(すなお)に 정직하게	今(いま)なら素直(すなお)に伝(つた)えることができると思(おも)います。 지금이라면 정직하게 전할 수가 있다고 생각합니다.
重大(じゅうだい) 중대	当社(とうしゃ)の決定(けってい)は重大(じゅうだい)な誤(あやま)りであると認知(にんち)しました。 당사의 결정은 중대한 실수라고 인지했습니다.
認(みと)める 인정하다	自分(じぶん)のダメな部分(ぶぶん)を認(みと)め、次(つぎ)の業務(ぎょうむ)に活(い)かしていきましょう。 자신의 잘못된 부분을 인정하고, 다음의 업무에 활용해 갑시다.
落(お)ち度(ど) 실수	この度(たび)、私(わたし)の落(お)ち度(ど)についてのご指摘(してき)、ありがとうございます。 이 번에, 저의 실수에 대한 지적, 감사합니다.
犯(おか)す 범하다	犯(おか)してしまったミスは次(つぎ)の仕事(しごと)で挽回(ばんかい)しようと思(おも)うくらいの気持(きも)ちを持(も)つべきです。 저질러 버린 실수는 다음 일에서 만회하려고 생각하는 정도의 마음을 가져야만 합니다.
叱(しか)る 꾸짖다	私(わたし)があなたを叱(しか)るような理由(りゆう)は１つもないです。 내가 당신을 꾸짖어야 하는 듯한 이유는 하나도 없습니다.

이메일편 (E-mail)

표현	사용의 예
取り組む 임하다	今後はこのような事がないよう、気を引き締めて職務に取り組みます。 앞으로는 이러한 일이 없도록, 정신을 바짝 차리고 직무에 임하겠습니다.
認識 인식	それらのビールスが認識されない場合の対処法をご案内します。 그러한 바이러스가 인식되지 않을 경우의 대처법을 안내하겠습니다.
多発 다발	個人情報の流出事件が多発しています。 개인정보의 유출사건이 다발하고 있습니다.
細心 세심	それだけにより一層、細心の注意を払う必要があります。 그것 만으로도 보다 더 한층 세심한 주의를 기울일 필요가 있습니다.
発生 발생	今年になって、5件の誤発送ミスが発生しています。 올해가 되어, 5건의 잘못 발송된 실수가 발생하고 있습니다.
損なう 손상하다	当社としては信頼を損なうミスは許されません。 당사로서는 신뢰를 손상하는 실수는 용서할 수 없습니다.
変更 변경	現在のチェック方法から、以下の通りにチェック体制を変更します。 현재의 체크방법에서 이하 대로 체크체제를 변경하겠습니다.
取り違え 오인	先週配送センターにおいて商品番号の取り違えによる出荷ミスが発生しました。 지난 주 배송센터에서 상품번호의 오인에 의한 출하실수가 발생했습니다.
うやむや 유야무야	その問題をうやむやにしておくことはできません。 그 문제를 유야무야 해 둘 수는 없습니다.
判断 판단	こちらは何の問題がないと判断されます。 이쪽은 아무런 문제가 없다고 판단됩니다.
感情的 감정적	感情的にならずに、お礼の言葉をこちらから述べることも大切です。 감정적으로 되지 말고, 감사의 말을 이쪽에서 말하는 것도 중요합니다.
重々 충분히	この件に関しましては重々胸に刻み、お詫び申し上げます。 이 건에 관해서는 충분히 마음에 새기고, 사과말씀 드립니다.
片付ける 끝내다	折角指摘された事を、メールだけで片付けてしまってはいけません。 애써 지적 받은 일을, 메일만으로 끝내서는 안 됩니다.
微妙 미묘	微妙なニュアンスが伝わらない事があって、相手に誤解させてしまった。 미묘한 뉘앙스가 전해지지 않은 일이 있어, 상대에게 오해하게 만들어 버렸다.
先に 먼저	先に謝罪のメールを送ってしまうほうが好印象です。 먼저 사죄의 메일을 보내는 편이 좋은 인상을 줍니다.

● 현장에서의 사용 예문_01

서류의 잘못 기록에 대한 주의

件名：営業報告書の記載内容について

お疲れ様です。総務部の吉本です。
さきほど、池田さんが昨日提出した、イロハ社の営業報告書を
読みました。報告書に記載されていた、相手側から提示された
金額について、ひとつ気がついた点がありますのでお知らせします。
あの時は、私も同行していましたが、先方の資料には年間で
500万円程度の予算で考えていると記載されています。
しかし、報告書には年間で300万円と記載されていましたので、
再度、確認してもらえますか？
今後の見積書作成にも影響する重要な部分であり、
正しい数字を残しておきたいので、よろしくお願いします。
その他の部分は、簡潔にまとまっていて良いと思います。
修正し次第、再送してください。よろしくお願いします。

総務部　吉本一郎
内線　123
ichiro@sakura.com

● 현장에서의 사용 예문_02

업무실수에 대한 주의

件名：【注意】出荷前点検方法について
担当者各位

　お疲れ様です。品質管理部、配送担当の吉本です。
さて、先週、新宿営業所において商品番号の取り違えによる出荷ミスが
発生いたしました。
具体的には、商品番号「YBN-0117」との注文内容にも関わらず、
「YBN-1170」を出荷したというものです。
本件は、出荷前点検での不備が原因と考えられます。
単純な数字の読み違いですが、このミスにかかるコストは決して
小さくありません。
またお客様にもご迷惑をおかけすることとなり、
厳しいお叱りがありました。
今後は以下の通り、手順の徹底をお願い致します。

＊ 出荷前にはピッキングを行った者とは別の者が、必ず注文書と
商品の内容、個数の確認を行うこと。

以上よろしくお願いします。

品質管理部　　吉本一郎
内線　123
ichiro@sakura.com

● 현장에서의 사용 예문_03

부하의 실수에 대한 주의

件名：オートボックスの商品未納について
駒田 様

本来なら直接話したいところなのですが、
あいにく、駒田さんと私のタイミングが合わないので、
メールで先に送ります。
本日、オートボックスの張本部長より電話があり、「納品日なのに、
商品が到着しない」と、連絡がありました。
調べた上で私のほうで手配し、３月２日１４時現在、
先方に納品は完了しています。
オートボックス様と当社は長年のお付き合いです。
特に今回は特別企画でしたので、納品予定日に商品が届かない
先方のご不安は、駒田さんにも理解できることと思います。
駒田さんの営業力には一目置いていますが、「確認」の部分が
少々手薄になり、いつもの駒田さんらしくないミスが続いている
ような気がして気になっています。
確認を徹底することで取引先から信頼感はさらに高まるはずです。
今日中にオートボックスの張本部長に謝罪と、
その後の確認をお願いします。
私のほうで動くべきことがあれば、
いつでも遠慮なく声をかけてください。
あとで直接声をかけます。今後の駒田さんに期待しています。

==

営業部　　吉本一郎
内線　123
ichiro@sakura.com

이메일편 (E-mail)

● 해석

서류의 잘못기록에 대한 주의

건 명 : 영업보고서의 기재내용에 대해서

수고하십니다. 총무부의 요시모토입니다.
조금 전, 이케다 씨가 어제 제출한 이로하 사의 영업보고서를 읽었습니다.
보고서에 기재되어 있던 상대측으로부터 제시된 금액에 대해서,
하나 알아차린 점이 있어서 알려드립니다.
그 때는 저도 동행했지만, 상대방의 자료에는 연간 500만 엔 정도의 예산으로 생각하고
있다고 기재되어 있습니다. 그러나, 보고서에는 연간 300만 엔으로 기재되어 있기 때문에
재차 확인해 줄 수 있겠습니까?
앞으로의 견적서 작성에도 영향을 줄 중요한 부분이고,
바른 숫자를 남기고 싶기 때문에 잘 부탁합니다.
그 외의 부분은, 간결하게 정리되어 있어서 좋게 생각합니다.
수정하는 대로 재 발송해 주세요.
잘 부탁합니다.

총무부 요시모토 이치로
내선 124
ichiro@sakura.com

업무실수에 대한 주의

건 명 :【주의】출하 전 점검방법에 대해서
담당자 여러분

수고하십니다. 품질관리부 배송담당의 요시모토입니다.
그런데, 지난 주 신주쿠 영업소에서 상품번호의 오인에 의한 출하실수가 발생했습니다.
구체적으로는, 상품번호「YBN-0117」이라는 주문내용임에도 불구하고「YBN-1117」을
출하한 것입니다.
본 건은, 출하 전 점검에서의 미비가 원인이라고 생각됩니다.
단순한 숫자의 잘못 읽기입니다만. 이런 실수에 드는 비용은 결코 적지 않습니다.
또 손님에게도 민폐를 끼치는 일이 되어, 심한 꾸지람이 있었습니다.
앞으로는 이하 대로, 수순의 철저함을 부탁합니다.

★ 출하 전에는 피킹을 행하는 사람과는 다른 사람이, 반드시 주문서와 상품의 내용,
개수의 확인을 할 것.

이상 잘 부탁합니다.

품질관리부 요시모토 이치로
내선 123
ichiro@sakura.com

부하의 실수에 대한 주의

건 명 : 오토박스의 상품미납에 대해서
코마다 님

본래라면 직접 말을 하고 싶은 것이지만, 공교롭게도 코마다 씨와 저의 타이밍이 맞지 않아서 메일로 먼저 보냅니다.
오늘, 오토박스의 하리모토 부장님으로부터 전화가 있었는데,
「납품일인데. 상품이 도착하지 않는다」라는 연락이 있었습니다.
조사하고 나서, 내 쪽에서 알아보고 3월 2일 14시 현재, 상대방에게 납품은 완료했습니다.
오토박스와 당사는 오랜 세월 거래를 하고 있습니다. 특히 이번에는 특별기획이었기 때문에 납품예정일에 상품이 도달되지 않을 상대방의 불안은 코마다 씨도 이해할 수 있다고 생각합니다.
코마다 씨의 영업력에는 경의를 표합니다만,「확인」의 부분이 조금 허술하여,
평소의 코마다 씨답지 않은 실수가 계속되고 있는 듯한 느낌이 들어 신경이 쓰입니다.
확인을 철저하게 하는 것으로 거래처로부터 신뢰감은 더욱 높아질 것입니다.
오늘 중으로 오토박스의 하리모토 부장님께 사죄와, 그 후의 확인을 부탁 드립니다.
제 쪽에서 움직일 일이 있으면 언제든지 사양말고 말을 해 주세요.
나중에 직접 말씀을 드리겠습니다. 앞으로 코마다 씨에게 기대하고 있겠습니다.

영업부 요시모토 이치로
내선 123
ichiro@sakura.com

이메일편 (E-mail)

● 어휘설명

14_클레임

클레임의 메일은, 내용이 거칠어 지기 쉽지만, 그렇다고는 해도 인간관계가
나빠지지 않도록 쓰거나, 상대방의 입장이 되어 생각하는 등의 배려는 중요하다.
예를 들어, 100% 상대방에게 책무가 있더라고 해도, 상대방을 배려해서 메일을 쓰는 것이
현대 비즈니스메일의 기본적인 예의이다. 또, 불평, 불만의 메일로 일부러 적을 만드는 내용을 쓰는 것
보다도 배려를 하는 내용으로 써야만 앞으로의 양호한 관계를 계속 유지할 수 있다.

이메일편 (E-mail)

● 불평, 불만의 메일에서 정해진 표현

표현	사용의 예
間^まもない 시간이 짧다	当社^{とうしゃ}は創業後^{そうぎょうご}、間^まもないのですが会社^{かいしゃ}の体制^{たいせい}が整^{ととの}わずに困^{こま}っています。 당사는 창업 후, 얼마 되지 않지만, 회사의 체제가 정비되지 않아 난처합니다.
言動^{げんどう} 언동	部長^{ぶちょう}の私^{わたし}に対^{たい}する言動^{げんどう}に困^{こま}っています。 부장님의 저에 대한 언동에 난처합니다.
仲間^{なかま} 동료	当初^{とうしょ}は仕事仲間^{しごとなかま}としてのお付^つき合^あいの範囲^{はんい}と思^{おも}いました。 당초는 회사동료로서의 만남의 범위라고 생각했습니다.
断^{ことわ}る 거절하다	人情^{にんじょう}として断^{ことわ}ることができません。 인정으로서 거절할 수가 없습니다.
嫌^{いや}がらせ 괴롭힘	私^{わたし}にだけ連絡事項^{れんらくじこう}が伝^{つた}えられないなどの嫌^{いや}がらせをされています。 저에게만 연락사항을 전달하지 않는 등의 괴롭힘을 받고 있습니다.
直接^{ちょくせつ} 직접	直接^{ちょくせつ}ご相談^{そうだん}させていただければと願^{ねが}っております。 직접 상담하기를 원하고 있습니다.
責^せめる 책망하다	相手^{あいて}を責^せめすぎないように注意^{ちゅうい}が必要^{ひつよう}です。 상대방을 지나치게 책망하지 않도록 주의가 필요합니다.
作^{つく}り直^{なお}し 새로 만듦	至急作^{しきゅうつく}り直^{なお}しをお願^{ねが}いできないでしょうか。 즉시 새로 만들 것을 부탁할 수 없을까요?
代^かわりに 대신에	私^{わたし}が代^かわりにそれに参加^{さんか}することは可能^{かのう}でしょうか？ 제가 대신에 그것에 참가하는 것은 가능할까요?
害^{がい}する 해하다	神経質^{しんけいしつ}な人^{ひと}の中^{なか}には健康^{けんこう}を害^{がい}する方^{ほう}もいらっしゃるかもしれません。 신경질적인 사람 중엔 건강을 해하는 분도 계실지도 모릅니다.
周^{まわ}り 주위	周^{まわ}りの住民^{じゅうみん}との関係^{かんけい}やコミュニケーションも非常^{ひじょう}に大切^{たいせつ}と考^{かんが}えます。 주변의 주민과의 관계랑 커뮤니케이션도 매우 중요하다고 생각합니다.
一考^{いっこう} 한번 생각함	ぜひ、ご一考^{いっこう}頂^{いただ}きますようお願^{ねが}い申^{もう}し上^あげます。 꼭 한번 생각해 주시도록 부탁말씀 드립니다.
一向^{いっこう}に 전혀	一向^{いっこう}に支払^{しはら}われる様子^{ようす}がないので、お便^{たよ}りを差^さし上^あげる次第^{しだい}です。 전혀 지불하실 기미가 없어서 연락을 드리는 바입니다.
結論^{けつろん} 결론	このままでは最悪^{さいあく}の結論^{けつろん}も考^{かんが}えざるを得^えません。 이대로는 최악의 결론도 생각해야만 합니다.
不便^{ふべん} 불편	大変^{たいへん}ご不便^{ふべん}をおかけしておりますこと、深^{ふか}くお詫^わび申^{もう}し上^あげます。 매우 불편을 끼쳐드리는 것을 깊게 사과말씀 드립니다.

표현	사용의 예
不快(ふかい) 불쾌	この他(ほか)にもいろいろと不快(ふかい)な言動(げんどう)がありますが、詳細(しょうさい)はメールではお伝(つた)え切(き)れないです。 이 외에도 여러 가지 불쾌한 언동이 있지만, 상세한 것은 메일로는 전부 전할 수 없습니다.
クレーム 클레임	その苦情(くじょう)やクレームにどう対処(たいしょ)して、問題(もんだい)解決(かいけつ)するのかが大事(だいじ)です。 그 불평이나 클레임에 어떻게 대처하고, 문제를 해결할 것인가가 중요합니다.
所存(しょぞん) 생각	社内教育(しゃないきょういく)をさらに徹底(てってい)していく所存(しょぞん)でございます。 사내교육을 더욱 더 철저하게 해 갈 생각입니다.
先行(せんこう) 선행	絶対(ぜったい)に言(い)い訳(わけ)を先行(せんこう)させてはいけません。 절대 변명을 선행시켜서는 안 됩니다.
一環(いっかん) 일환	クレーム対応(たいおう)も仕事(しごと)の一環(いっかん)だと割(わ)り切(き)って冷静(れいせい)に対応(たいおう)しましょう。 클레임대응도 일의 일환이라고 결론내고 냉정하게 대응합시다.
厳(きび)しく 엄하게	厳(きび)しく注意(ちゅうい)するとともに再教育(さいきょういく)を行(おこな)います。 엄하게 주의하는 것과 함께 재교육을 행하겠습니다.
接客(せっきゃく) 접객	お客様(きゃくさま)が快適(かいてき)に買(か)い物(もの)が出来(でき)るような接客(せっきゃく)と雰囲気(ふんいき)を構築(こうちく)してまいります。 손님이 쾌적하게 쇼핑할 수 있는 듯한 접객과 분위기를 구축해 가겠습니다.
取替(とりか)え 교환	出来(でき)ましたらお取替(とりか)えいただきたく、お願(ねが)い申(もう)し上(あ)げた次第(しだい)です。 가능하면 교환하고 싶어, 부탁말씀 드리는 바입니다.
払(はら)い戻(もど)し 환불	全額(ぜんがく)払(はら)い戻(もど)して下(くだ)さるようお願(ねが)いいたします。 전액 환불해 주시도록 부탁합니다.
交換(こうかん) 교환	なるべく早(はや)く交換(こうかん)していただけますでしょうか。 가능한 한 빨리 교환해 주실 수 없을까요?
関係(かんけい) 관계	事実関係(じじつかんけい)を確認(かくにん)して、対応策(たいおうさく)を検討(けんとう)してください。 사실관계를 확인하고 대응책을 검토해 주세요.
いささか 다소	貴社(きしゃ)のサポート体制(たいせい)をいささか不満(ふまん)に思(おも)います。 귀사의 서포트체제를 다소 불만스럽게 생각합니다.
誠意(せいい) 성의	当社(とうしゃ)は御社(おんしゃ)の誠意(せいい)ある対応(たいおう)を高(たか)く評価(ひょうか)します。 당사는 귀사의 성의있는 대응을 높게 평가합니다.
実(じつ)は 실은	実(じつ)はそのうわさは根拠(こんきょ)がないです。 실은 그 소문은 근거가 없습니다.
見(み)つかる 발견되다	明細(めいさい)を確認(かくにん)したところ、間違(まちが)いが見(み)つかりました。 명세서를 확인했던 바, 실수가 발견되었습니다.

이메일편 (E-mail)

표현	사용의 예
怒る 화를 내다	配慮のない苦情メールは感情的なメールであり、怒っている気持ちだけしか伝わらないものです。 배려가 없는 불평메일은 감정적인 메일이고, 화를 내고 있는 마음밖에 전해지지 않는 것입니다.
事故 사고	恐らく配送中の何らかの事故によるものかとも思われます。 아마 배송 중의 뭔가의 사고에 의한 것이라고도 생각됩니다.
多分 아마	言いたいことが伝わらない可能性も多分あります。 말하고 싶은 것이 전해지지 않을 가능성도 아마 있습니다.
頻発 빈발	なぜこのエラーが最近になって頻発し始めましたか。 왜 이 실수가 최근에 빈발하기 시작했습니까?
回避 회피	おかげさまで最悪の事態は回避することができました。 덕분에 최악의 사태는 회피할 수가 있었습니다.
責任 책임	その事故の責任は当社にあります。 그 사고의 책임은 당사에 있습니다.
欠かす 빼다	これは私たちにとって欠かすことのできないものです。 이것은 우리들에게 있어서 뺄 수 없는 것입니다.
口頭 구두	それは口頭で説明するのが難しそうです。 그것은 구두로 설명하는 것이 어려울 것 같습니다.
豊富 풍부	その営業マンは、豊富な情報を持っているので信頼できます。 그 영업맨은 풍부한 정보를 가지고 있기 때문에 신뢰할 수 있습니다.
検品 검품	その検品結果について中間報告いたします。 그 검품결과에 대해서 중간 보고를 하겠습니다.
手間 수고	あなたも忙しいのに、手間をかけてすみません。 당신도 바쁜데 수고를 끼쳐서 죄송합니다.
放置 방치	状況は放置できないほど深刻でした。 상황은 방치할 수 없을 정도로 심각했습니다.
普段 평소	結果として、普段しないような間違えをしました。 결과로서 평소 하지 않는 실수를 했습니다.
せっかく 모처럼	せっかくの苦労が水の泡になりました。 모처럼의 고생이 물거품이 되었습니다.
一助 일조	このパンフレットが御社にとって一助となれば幸いです。 이 팜플렛이 귀사에 있어서 일조가 되면 다행이겠습니다.

● 현장에서의 사용 예문_01

샘플배송 클레임

件名：サンプル配送の間違いクレーム
オートボックス　管理部　杉本　様

　お疲れ様です。総務部の吉本です。
　お世話になっております。
　株式会社アイナビの海外営業部の厳と申します。
　貴社の製品の中で「自動車用ブラックボックス」サンプルを
　２台お願いし、本日受け取りました。
　ところが、カラーは「黒」と「青」を指定したのですが、
　「黒」の代わりに「赤」が入っていました。
　「赤」は返品して「黒」をいただきたいのです。
　よろしくお願いいたします。

アイナビ(株)　海外営業部　厳 在完
　　　　　　　　　　　　　　オム　ジェワン
jaewann@inavi.com
〒○○○-○○○○　韓国ソウル市江南区アイナビビル2-356
TEL：02-3333-9999(直通)　02-3333-8888(代表)
FAX：02-3333-7777
www.inavi.com

이메일편 (E-mail)

- 현장에서의 사용 예문_02

담당자에 대한 클레임

件名：担当者変更についてのお願い
イロハ商事株式会社
販売部　青木 博 様

　平素よりお世話になっております。
　株式会社アイナビの海外営業部の厳と申します。
　さて、大変申し上げにくいのですが、弊社を担当くださっている
　佐藤さんについてご相談申し上げます。
　実は、佐藤さんのご対応によりいささか業務に支障がでております。
　先日、商品「YB-0117」の注文の個数変更のお願いをしたのですが、
　ご連絡をいただけませんでした。再度の依頼にも回答がなく、
　最終的に別の担当の方にご対応いただきました。
　ご多忙な時期だけに仕方がないかもしれませんが、
　ご回答いただけないのはいかがなものかと存じます。
　以前も同様のことがあったのですが、誠意ある謝罪もいただけませんでした。
　さらに、その後もこちらの要望を聞いてくださらないので、
　私どもとしては困惑いたしております。
　弊社とのお取引は、今後も継続したいと考えておりますので、
　担当の方につきましてはご配慮いただければ幸いです。
　ご対応のほど、よろしくお願いいたします。

アイナビ(株)　海外営業部　厳 在完（オム ジェ ワン）
jaewann@inavi.com
〒○○○-○○○○　韓国ソウル市江南区アイナビビル2-356
TEL：02-3333-9999(直通)　02-3333-8888(代表)
FAX：02-3333-7777
www.inavi.com

● 현장에서의 사용 예문_03

납품일에 대한 클레임

件名：商品YB-0806の納品日について
イロハ商事株式会社
営業部　青木 博 様

　平素よりお世話になっております。
　株式会社アイナビの海外営業部の厳と申します。
　1月17日に納入された商品YB-0806について、
　ご連絡させていただきます。
　商品YB-0806、2個に破損があり、納入直後にご担当の野茂さんに
　連絡をいたしました。野茂さんの説明によりますと、出荷時の検品では
　破損は確認されていないため、責任は配送会社にあるとのことでした。
　配送会社に確認をとってから、代替品を発送いただけるとのことで、
　こちらも了承したのですが、2週間経った本日もまだ代替品が届かず、
　また野茂さんからのご連絡もありません。
　確認に手間取られているかと拝察いたしますが、
　いささかお時間がかかっているようです。
　当方も業務に支障をきたしておりますので、早急に代替品を
　お送りいただきたく存じます。
　確実な納品日について、
　本日中に折り返しお電話をいただきますようお願いいたします。

アイナビ(株)　海外営業部　厳 在完（オム ジェワン）
jaewann@inavi.com
〒○○○-○○○○　韓国ソウル市江南区アイナビビル2-356
TEL：02-3333-9999(直通)　02-3333-8888(代表)
FAX：02-3333-7777
www.inavi.com

이메일편 (E-mail)

● 해석

샘플배송 잘못의 클레임

건 명 : 샘플배송 잘못의 클레임
오토박스 관리부 스기모토 님

수고하십니다. 총무부의 요시모토입니다. 신세를 지고 있습니다.
주식회사 아이나비의 해외영업부 엄이라고 합니다.
귀사의 제품 중에서 「자동차 용 블랙박스」샘플을 2대 부탁하여, 오늘 받았습니다.
그러나, 컬러는 「검정」,「파랑」을 지정했습니다만, 「검정」 대신에 「빨강」이 들어왔습니다.
「빨강」은 반품하고 「검정」을 받고 싶습니다.
잘 부탁합니다.

아이나비㈜ 해외영업부 엄 재완
jaewann@hyundai.com
〒○○○-○○○○   한국 서울시 강남구 아이나비건물 2-356
TEL : 02-3333-9999(직통) 02-3333-8888(대표)
FAX : 02-3333-7777
www.inavi.com

담당자에 대한 클레임

건 명 : 담당자 변경에 대한 부탁
이로하상사 주식회사
판매부 아오키 히로시 님

평소부터 신세를 지고 있습니다. 주식회사 아이나비의 해외영업부 엄이라고 합니다.
그런데, 대단히 말씀 드리기 어렵습니다만, 저희 회사를 담당해 주시고 있는 사토 씨에
대해서 상담 말씀 드립니다.
실은, 사토 씨의 대응 때문에 다소 업무에 지장이 초래되고 있습니다.
전날, 상품 「YB-0117」의 주문 개수의 변경을 부탁했습니다만, 연락을 받을 수 없었습니다.
두 번의 의뢰에도 회답이 없어서, 최종적으로 다른 담당 분에게 대응을 받았습니다.
바쁜 시기인 만큼, 어쩔 수 없을지도 모릅니다만, 회답을 받을 수 없는 것은 뭐지?
라고 생각합니다. 이전에도 같은 일이 있었습니다만, 성의 있는 사죄도 받을 수 없었습니다.
더 나아가, 그 후도 이쪽의 요망을 들어주지 않기 때문에 저희로서는 곤혹스럽습니다.
저희 회사와의 거래는 앞으로도 계속하고 싶다고 생각하고 있으니,
담당하시는 분에 대해서는 배려를 해 주시면 다행이겠습니다.
대응을 잘 부탁합니다.

아이나비㈜ 해외영업부 엄 재완
jaewann@hyundai.com
〒○○○-○○○○   한국 서울시 강남구 아이나비건물 2-356
TEL : 02-3333-9999(직통) 02-3333-8888(대표)
FAX : 02-3333-7777
www.inavi.com

납품일에 대한 클레임

건 명 : 건 명 : 상품 YB-0806의 납품일에 대해서
이로하상사 주식회사
영업부 아오키 히로시 님

평소부터 신세를 지고 있습니다. 주식회사 아이나비의 해외영업부 엄이라고 합니다.
1월 17일에 납입된 상품 YB-0806에 대해서 연락드립니다.
상품 YB-0806, 2개에 파손이 있어서, 납입 직후에 담당인 노모 씨에게 연락을 했습니다.
노모 씨의 설명에 의하면, 출하 때의 검품에서는 파손이 확인되지 않았기 때문에,
책임은 배송회사에 있다는 것이었습니다. 배송회사에 확인을 하고 나서,
대체품을 발송해 줄 수 있는 것으로, 저희도 납득했습니다만, 2주일이 지난 오늘도 아직
대체품이 도달되지 않고, 또 노모 씨로부터의 연락도 없습니다. 확인에 수고를 하고 있다고
추측됩니다만, 다소 기간이 걸리고 있는 것 같습니다.
저희도 업무에 지장을 초래하고 있기 때문에 즉시 대체품을 보내주시기 바랍니다.
확실한 납품일에 대해서, 오늘 중으로 바로 전화를 주시도록 부탁합니다.

아이나비㈜ 해외영업부 엄 재완
jaewann@hyundai.com
〒○○○-○○○○   한국 서울시 강남구 아이나비건물 2-356
TEL : 02-3333-9999(직통) 02-3333-8888(대표)
FAX : 02-3333-7777
www.inavi.com

● 어휘설명

15_축하

축하메일은, 상대의 경사스러운 일을 진심으로 기뻐하고, 그것을 앞으로의 관계로 연결하기 위한 것이다.
거래처나 직장에서 경사스러운 일을 접하면, 타이밍 맞게 축하하고,
축하의 말이나 정도에 넘지 않는 가벼운 선물을 하도록 하자.
이러한 자그마한 일이 앞으로의 거래관계나 인간관계에 상당히 도움이 된다.

● 축하의 메일에서 정해진 표현

표현	사용의 예
誠におめでとうございます 진심으로 축하합니다	このたびのご栄転、誠におめでとうございます。 이번의 영전, 진심으로 축하합니다.
心からお祝い申し上げます 마음으로 축하말씀 드립니다	創立20周年を迎えられたとの由、心からお祝い申し上げます。 창립 20주년을 맞이하셨다니, 마음으로 축하말씀 드립니다.
心からご祝辞申し上げます 마음으로 축사말씀 드립니다	ご誕生、心からご祝辞申し上げます。 생신, 마음으로 축사말씀 드립니다.
慶びにたえません 정말 기쁩니다	賞を受賞されましたこと、慶びにたえません。 상을 수상하신 것, 정말 기쁩니다.
心からお喜び申し上げます 마음으로 기쁨의 말씀 드립니다	この記念日を一同、心からお喜び申し上げます。 이 기념을 일동, 마음으로 기쁨의 말씀 드립니다
喜ばしいかぎりです 매우 기쁩니다	本社に異動とのこと、またいろいろとご教授いただけることを考えると喜ばしいかぎりです。 본사로 인사이동하신 것, 또 여러 가지 배움을 받을 수 있었던 것을 생각하면 매우 기쁩니다.
まことに悦ばしいおもいでございます 진심으로 기쁜 마음입니다.	昇進試験に無事合格されましたこと、まことに悦ばしいおもいでございます。 승진시험에 무사 합격하신 것, 진심으로 기쁜 마음입니다.
誠に大慶に存じます 진심으로 경사스럽게 생각합니다	各方面での活動の場が広がり、誠に大慶に存じます。 각 방면에서의 활동의 장이 넓어져, 진심으로 경사스럽게 생각합니다.
貴社の皆様もさぞお喜びのことでございましょう 귀사의 여러분도 아마 기뻐하실 거라고 생각합니다	新社屋の完成、おめでとうございます。貴社の皆様もさぞお喜びのことでございましょう。 신사옥의 완성, 축하드립니다. 귀사의 여러분도 아마 기뻐하실 거라고 생각합니다.
皆様のお喜びもいかほどかと推察申しあげております 여러분의 기쁨도 얼마나 클지, 추측이 가능하여 말씀 드립니다.	並々ならぬご苦労があったことと存じますが、それだけに皆様のお喜びもいかほどかと推察申しあげております。 상당한 고생이 있었다고 생각합니다만, 그 만큼 여러분의 기쁨도 얼마나 클지, 추측이 가능하여 말씀 드립니다..

이메일편 (E-mail)

표현	사용의 예
この度は〜の由 이 번에 ~하다니	この度はご栄転の由、誠におめでとうございます。 이 번에 영전하셨다니, 진심으로 축하합니다.
この度は〜されたとのこと 이 번에 ~하신 것	この度はご栄転されたとのこと、本当におめでとうございます。 이 번에 영전하신 것, 정말로 축하합니다.
めでたく〜されました由 경사스럽게 ~하셨다고 하니	めでたくご結婚されました由、心よりお祝い申し上げます。 경사스럽게 결혼하셨다고 하니, 마음으로 축하말씀 드립니다.
まずは取り急ぎ〜のお祝い言上まで 우선은 급히 ~축하말씀 드립니다	まずは取り急ぎご栄転のお祝い言上まで 우선은 급히 영전의 축하말씀 드립니다.
まずはメールにてお祝い申し上げます 우선은 메일로 축하말씀 드립니다	お祝いにかけつけたいところですが、まずはメールにてお祝い申し上げます。 축하하러 달려와야 할 것이지만, 우선은 메일로 축하말씀 드립니다.
謹んでお慶び申し上げます 정중하게 경하말씀 드립니다	謹んでご全快のお慶び申し上げます。 정중하게 완쾌하신 것을 경하말씀 드립니다.
ご高配をいただきまして 배려를 해 주셔서	日頃は格別のご高配をいただきまして、誠にありがとうございます。 평소 각별한 배려를 해 주셔서 진심으로 감사합니다.
くれぐれもご自愛のほど 부디 몸조심하시기를	重責を担われますことからくれぐれもご自愛のほどお祈り申し上げます。 중책을 맡았으므로 부디 몸조심하시기를 기원하겠습니다.
ご就任されたとのこと 취임하신 것을	ご就任されたとのこと、心よりお喜び申し上げます。 취임하신 것을 마음으로 기쁨의 말씀 드립니다.
今までより 지금까지보다	今までより、いっそうお忙しくなるかと思います。 지금까지보다, 더 한층 바쁘게 될 거라고 생각합니다.

표현	사용의 예
むしろ当然のことと考え 오히려 당연한 것으로 생각하고	開発部の責任者となられるのは、むしろ当然の事と考え、弊社スタッフ一同、とても喜んでおります。 개발부의 책임자로 될 수 있는 것은, 오히려 당연한 것으로 생각하고, 저희 회사 직원 일동, 매우 기뻐하고 있습니다.
弊社といたしましても 저희 회사로서도	弊社といたしましても、できる限りのお手伝いをさせていただきたいと考えております。 저희 회사로서도, 가능한 한 도움을 드리고 싶다고 생각하고 있습니다.
独立ご開業とのこと 독립하여 개업하신 것	このたびは、独立ご開業とのこと、心よりお祝い申し上げます。 이 번에, 독립하여 개업하신 것을 마음으로부터 축하말씀 드립니다.
吉田さんの実行力には 요시다 씨의 실행력에는	吉田さんの実行力には、本当に恐れ入りました。 요시다 씨의 실행력에는 정말로 감복했습니다.
実力と信用をもってすれば 실력과 신용으로 하자면	長年培われてこられた実力と信用をもってすれば必ず経営も成功を収めること、間違いないと信じております。 오랫동안 키워온 실력과 신용으로 하자면 틀림없이 경영도 성공을 거둘 것이라고 확실히 믿고 있습니다.
微力ながら 미력하지만	弊社も微力ながらご支援申し上げたいと存じます。 저희 회사도 미력하지만 지원을 드리고 싶다고 생각합니다.
いよいよ 드디어	いよいよ独立されイロハ株式会社をご設立とのこと、心からお祝い申し上げます。 드디어 독립하셔서 이로하 주식회사를 설립하신 것을 마음으로 축하말씀 드립니다.
時宜にかなうものであり 적당한 시기이고	このたびのご開業は、まさに時宜にかなうものであり、必ず大発展されることと確信しております。 이번의 개업은, 바로 적당한 시기이고, 반드시 크게 발전이 될 것이라고 확신하고 있습니다.
ご招待を賜り 초대를 받아	祝賀会にご招待を賜り、誠にありがとうございます。 축하회에 초대를 받아, 진심으로 감사합니다.

● 현장에서의 사용 예문_01

승진의 축하

件名：ご栄転のお祝い
オートボックス　株式会社
管理部　部長　篠原　新之助　様

　日頃は格別のご愛顧を賜り、誠にありがたく厚くお礼申し上げます。
株式会社アイナビの海外営業部の厳と申します。
このたびは本社管理部長にご栄転されたとのこと拝承し、
心よりお喜びいたしております。
当地ご在勤中は公私にわたってひとかたならぬご高配を賜りましたこと、
改めまして心よりお礼申し上げます。
新任地において貴殿にかかる期待は甚大なものと存じます。
これまで幾多の困難を解決してこられた貴殿ですから、
必ずや実り多い成果を出されることでしょう。
何かとお忙しいことと存じますが、ご自愛のほどをお祈りいたします。
なお、別便にて心ばかりのお祝いの品をお送りいたしました。
ご笑納くだされば幸いに存じます。
まずは略儀ながらメールをもってお祝い申し上げます。

アイナビ(株)　海外営業部　厳 在完（オム ジェ ワン）
jaewann@inavi.com
〒○○○-○○○○　韓国ソウル市江南区アイナビビル2-356
TEL：02-3333-9999(直通)　02-3333-8888(代表)
FAX：02-3333-7777
www.inavi.com

● 현장에서의 사용 예문_02

창립기념일의 축하

件名：創立20周年のお祝い
オートボックス株式会社 青山 正義 様

　平素はひとかたならぬお引き立てを賜り、厚くお礼申し上げます。
　さて、このたびは貴社創立20周年を迎えられたとの由、
　心からお祝い申し上げます。
　今日こうして20周年をお迎えになりますのも、
　貴社の皆様の日々の努力の成果と拝察いたします。
　これからも、この20年の経験を活かし、
　ますますのご発展と躍進をご期待申し上げます。
　メールにて恐縮ですが、取り急ぎお祝い申しあげます。

===

アイナビ㈱）　海外営業部　厳 在完
                              (オム　ジェワン)
jaewann@inavi.com
〒○○○-○○○○　韓国ソウル市江南区アイナビビル2-356
TEL：02-3333-9999(直通)　02-3333-8888(代表)
FAX：02-3333-7777
www.inavi.com

● 현장에서의 사용 예문_03

신규점 오픈의 축하

件名:「大阪店」開店のお祝い
イロハ株式会社 西岡 健二 様

　いつもお世話になっております。
　株式会社アイナビの海外営業部の厳と申します。
　さて、いよいよ大阪店がオープンされるとのこと、
　誠におめでとうございます。
　オープン当日は私もお伺いし、
　微力ながらお手伝いさせていただく所存ですので、
　私にできることがありましたら、ご遠慮なくお申し付けください。
　ご準備でお忙しいことと存じますが、
　くれぐれもお体ご自愛くださいませ。
　大阪店のご成功を、心よりお祈り申し上げます。
　メールにて恐縮ですが、取り急ぎ、ご祝詞申し上げます。

アイナビ(株)　海外営業部　厳 在完
　　　　　　　　　　　　　　　　オム ジェ ワン
jaewann@inavi.com
〒◯◯◯-◯◯◯◯　韓国ソウル市江南区アイナビビル2-356
TEL : 02-3333-9999(直通)　02-3333-8888(代表)
FAX : 02-3333-7777
www.inavi.com

● 해석

승진의 축하

건 명 : 영전의 축하
오토박스 주식회사
관리부 부장 시노하라 신노스케 님

평소에는 각별한 애호를 받아, 진심으로 감사하고 깊게 고마움의 말씀을 드립니다.
주식회사 아이나비의 해외영업부 엄이라고 합니다.
이번에 본사 관리부장으로 영전하셨다는 소식을 듣고 마음으로부터 기쁘게 생각하고 있습니다.
이곳에서 재직 중에는 공사에 걸쳐서 적잖은 배려를 받았던 것을
새로이 마음으로 감사의 말씀 드립니다.
신임 지역에서 귀하에 거는 기대는 상당할 거라고 생각합니다.
지금까지의 수많은 곤란을 해결해 오셨기 때문에 반드시 많은 결실이 있는 성과를 내시겠죠.
여러 가지 바쁠 거라고 생각합니다만, 건강하실 것을 기원하겠습니다.
그리고, 별도의 편으로 마음뿐인 축하 선물을 보냈습니다.
기쁘게 받아주시면 다행으로 생각하겠습니다.
우선은 간략하나마 메일로 축하말씀 드립니다.

아이나비㈜ 해외영업부 엄 재완
jaewann@hyundai.com
〒000-0000   한국 서울시 강남구 아이나비건물 2-356
TEL : 02-3333-9999(직통) 02-3333-8888(대표)
FAX : 02-3333-7777
www.inavi.com

창립기념일의 축하

건 명 : 창립 20주년의 축하
오토박스 주식회사 아오야마 마사요시 님

평소는 적잖은 배려를 받아서 깊이 감사의 말씀을 드립니다.
그런데, 이번에 귀사 창립 20주년을 맞이한다고 하니, 마음으로부터 축하말씀 드립니다.
오늘 이렇게 20주년을 맞이하신 것도 귀사 여러분의, 나날의 노력의 성과라고 추측합니다.
앞으로도, 이 20년의 경험을 살려, 점점 더 발전과 약진을 기대하겠습니다.
메일로 죄송합니다만, 급히 축하말씀 드립니다.

아이나비㈜ 해외영업부 엄 재완
jaewann@hyundai.com
〒000-0000   한국 서울시 강남구 아이나비건물 2-356
TEL : 02-3333-9999(직통) 02-3333-8888(대표)
FAX : 02-3333-7777
www.inavi.com

이메일편 (E-mail)

신규점 오픈의 축하

건 명 : 「오사카 점」개점의 축하
이로하 주식회사 니시오카 켄지 님

항상 신세를 지고 있습니다. 주식회사 아이나비의 해외영업부 엄이라고 합니다.
그런데, 드디어 오사카 점 오픈하신 것을 진심으로 축하합니다.
오픈 당일은 저도 찾아 뵙고, 미력하지만 도울 생각이니 제가 할 수 있는 일이 있다면
사양 말고 분부해 주세요. 준비로 바쁠 거라고 생각합니다만, 부디 몸조심하시고 건강하세요.
오사카 점의 성공을 마음으로 기원하겠습니다.
메일로 죄송합니다만, 급히 축사말씀 드립니다.

아이나비㈜ 해외영업부 엄 재완
jaewann@hyundai.com
〒○○○-○○○○   한국 서울시 강남구 아이나비건물 2-356
TEL : 02-3333-9999(직통) 02-3333-8888(대표)
FAX : 02-3333-7777
www.inavi.com

● 어휘설명

16_위로(치하)

위로(치하)메일은 상대방의 행동이나 행위에 대해 칭찬을 하는 것이다.
그리고 원만한 인간관계를 구축하려면, 상대의 좋은 점은 구체적으로 칭찬하는 것이 좋다.
전에는 상대방에게 압력을 가하거나, 실수를 지적하는 것에 의해서 성장을 시켰지만,
요즘은, 좋은 점을 더욱 부각시켜서 성장시키고 있다.
따라서 꾸지람이나 질책보다, 칭찬과 장점의 적절한 활용에 대한 충고 등으로 노고를 치하하도록 하자.

이메일편 (E-mail)

● 위로(치하)의 메일에서 정해진 표현

표현	사용의 예
てんしょく 転職 전직	きのう　　　てんしょく　　　　　　　　　とうしゃ　　　　　　　　　　　　　たいおう　　　　　　　　　まこと 昨日は、転職フェアの当社ブースにてご対応くださり、誠にありがとうございました。 어제는 전직박람회의 당사 부스에서 대응해 주셔서, 진심으로 감사했습니다.
うわまわ 上回る 상회하다	よそう　　　　　　うわまわ　　さんかしゃ　　　　　　　　　とうほう　　　　　　　　　　　たいおう 予想をずっと上回る参加者だったため、当方だけではとても対応しきれませんでした。 예상을 훨씬 상회하는 참가자였기 때문에, 저희만으로는 도저히 전부 대응할 수 없었습니다.
えんかつ 円滑 원활	お　　　　　　　　　　　えんかつ　　にんげんかんけい　　きず ねぎらいメールのポイントを押さえれば、円滑な人間関係を築くことができます。 노고를 위로하는 메일의 포인트를 잡으면 원활한 인간관계를 구축할 수가 있습니다.
つな 繋がる 연결되다	そと　　よ　　にんげんかんけい　　きず　　　　　　　こんご　　ひょうか　　　　　つな 外で良い人間関係を築ければ、今後の評価にも繋がります。 밖에서 좋은 인간관계를 구축하면 앞으로의 평가에도 연결됩니다.
ほ 褒める 칭찬하다	ぶか　　　たい　　　　　　　　　　　　　　　　　　　　　おく　　ばあい　　かなら　　ほ　　　　ひつよう 部下に対してねぎらいのメールを送る場合には必ず「褒める」必要があると思っています。 부하에 대해서 노고의 메일을 보내는 경우에는 반드시 칭찬할 필요가 있다고 생각하고 있습니다.
しゅほう 手法 수법	むかし　　　わる　　　　　　　　　　してき　　　ぶか　　の　　　　　　　　　　　　　てき　しゅほう 昔は、悪いポイントを指摘して部下を伸ばしていくスパルタ的な手法が取られました。 옛날에는 나쁜 포인트를 지적해서 부하를 성장해 가는 스파르타 적인 수법이 취해졌습니다.
じんそく 迅速 신속	じんそく　　きゃくさま　　たい　　　　そち　　　たいへんべんきょう 迅速なお客様に対する措置は、大変勉強になりました。 신속한 손님에 대한 조치는, 매우 공부가 되었습니다.
むり 無理 무리	むり　　　　　　　　　　　　　　き ご無理されませんようにお気をつけてください。 무리하지 않도록 주의해 주세요.
あんしん 安心 안심	じかんどお　　すす　　あんしん　　　　こと　でき 時間通りに進み、安心してみる事が出来ました。 시간대로 진행되어 안심하고 볼 수가 있었습니다.
かんしん 感心 감동	よそういじょう　しごと　　　　　かんしん 予想以上の仕事ぶりに感心しました。 예상 이상 일하는 모습에 감동했습니다.
べんたつ 鞭撻 편달	こんご　　　　　　しどう　　べんたつ　　　　　　　　　　ねが　もう　あ 今後ともご指導、ご鞭撻ほどよろしくお願い申し上げます。 앞으로도 지도, 편달을 잘 부탁말씀 드립니다.

표현	사용의 예
ねぎらい 위로	少しでも相手の手間や時間をとったり、気を使わせてしまった時には、一言ねぎらいや感謝の気持ちを伝えましょう。 조금이라도 상대의 수고나 시간을 빼앗거나, 신경을 쓰게해 버렸을 때에는, 한 마디 위로랑 감사의 마음을 전합시다.
第一線 제일선	多年に渡る第一線でのご活躍に弊社のスタッフ一同は心よりお疲れ様と申し上げます。 오랜 세월에 걸친 제일선에서의 활약에, 저희 회사의 직원 일동은, 마음으로부터 수고했다고 말씀 드립니다.
頑張る 열심히 하다	毎日お仕事大変だと思いますが、お身体に気を付けて頑張って下さい。 매일 일이 힘들다고 생각합니다만, 몸 조심하고 열심히 하세요.
導く 이끌다	部長のリーダーシップのおかげで成功に導くことができました。 부장님의 리더십의 덕분으로 성공으로 이끌 수가 있었습니다.
役に立つ 도움이 되다	私でお役に立つことがありましたら、お声を掛けてください。 제가 도움이 될 일이 있으면 말씀을 해 주세요.
体調 컨디션	ここしばらく、暑かったり寒かったりするので、くれぐれも体調管理にはお気を付けてください。 잠시동안 덥거나 춥거나 하기 때문에 부디 컨디션 관리에는 주의해 주세요.
ときおり 가끔	お仕事、大変かとは存じますが、大丈夫でしょうか？ ときおりお休みくださいね。 일이 힘들 거라고는 생각하지만 괜찮습니까? 가끔 쉬어 주세요.
精いっぱい 열심히	あなたは十分によくやっている。精いっぱい努力しているよ。 당신은 충분히 잘 하고 있다. 열심히 노력하고 있어.
乗り越える 극복하다	杉本さんなら、大丈夫。きっと乗り越えられるよ。 스기모토 씨라면 문제없어. 틀림없이 극복할 수 있어.
第二の人生 제 2 의 인생	今後は健康に留意され、第二の人生を大いに楽しんでください。 앞으로는 건강에 유의하시고, 제 2 의 인생을 멋지게 즐겨주세요.
在職中 재직 중	在職中は色々とお世話になりました。ありがとうございました。 재직 중에는 여러 가지 신세를 졌습니다. 감사했습니다.
応援 응원	毎日、遅くまで頑張っているね。合格できるよう私も応援する。 매일 늦게까지 열심히 하는군. 합격할 수 있도록 나도 응원할게.
成果 성과	期待以上の成果だ。素晴らしい！ 기대 이상의 성과야. 멋져!

이메일편 (E-mail)

표현	사용의 예
表す 나타내다	定年を迎えられるに当たり、長年の功労に衷心より感謝の意を表す次第でございます。 정년을 맞이하심에 임해서, 오랜 세월의 공로에 충심으로 감사의 마음을 나타내는 바입니다.
寝不足 수면부족	寝不足ではないですか？くれぐれも体には気をつけてくださいね。 수면부족이 아닐까요? 부디 몸 조심하세요.
ちゃんと 잘	私はあなたのがんばっているところをちゃんと見ていますよ！ 나는 당신이 열심히 하고 있는 것을 잘 보고 있습니다!
早起き 일찍 일어남	いつも早起きなんですね。私も見習いたいです。 항상 아침 일찍 일어나는군요. 저도 배우고 싶습니다.
真似 흉내	なかなか、真似のできることではありませんよ。すごいですよ。 좀처럼 흉내를 낼 수 있는 일은 아닙니다. 굉장하군요.
さすがです 대단하군요	さすがですね。山田さんならきっと出来ると思ってました。 대단하군요. 야마다 씨라면 틀림없이 할 수 있을 거라고 생각했습니다.
退職後 퇴직 후	ご退職後のご健康とご活躍をお祈りいたします。 퇴직 후의 건강과 활약을 기원하겠습니다.
任せる 맡기다	お前には安心して仕事を任せられるな。これからも期待してるから頑張れよ！ 너에게는 안심하고 일을 맡길 수가 있군. 앞으로도 기대할 테니 열심히 해!
声を掛ける 말을 걸다	お力になれることがございましたら、どうぞお声を掛けてください。 힘이 될 수 있는 일이 있으면 부디 말씀해 주세요.
向かう 향하다	これからも成功に向かって、一緒に頑張りましょう。 앞으로도 성공을 향해서 함께 열심히 합시다.
心遣い 마음 씀씀이	皆さまの心遣いに感動しました。ありがとうございます。 여러분의 마음 씀씀이에 감동했습니다. 감사합니다.
絶え間ない 끊임없다	人生における成功には絶え間ない努力が必要だ。 인생에서의 성공에는 끊임없는 노력이 필요하다.
助言 조언	賢明で良心的な人に助言を求めなさい。 현명하고 양심적인 사람에게 조언을 구해라.
忠告 충고	私は彼に忠告したが、彼はその忠告に注意を払わなかった。 나는 그에게 충고했지만, 그는 그 충고에 주의를 기울이지 않았다.

● 현장에서의 사용 예문_01

거래불발에 대한 위로

件名：イロハ社の件
サクラ株式会社 商品開発部 川崎 様

　お疲れ様です。株式会社アイナビの海外営業部の厳です。
　イロハ社の件、報告を受けました。
　今回は受注できなかったとのこと、残念でしたね。
　先方の担当者とのやりとりでは、好感触だったということもあり、
　無念さを感じているかもしれません。
　今回は、提案内容およびプレゼンテーションとも、
　川崎さんはできるだけのことをしてくれたと思っています。
　先方にもいろいろとご都合やお考えがあるので、
　結果については仕方がありません。
　今回の経験で、また多くのことを学んだと思います。
　それをぜひ次に活かしてください。

　アイナビ(株)　海外営業部　厳 在完
　　　　　　　　　　　　　オム　ジェ ワン
　jaewann@inavi.com
　〒○○○-○○○○　韓国ソウル市江南区アイナビビル2-356
　TEL：02-3333-9999(直通)　02-3333-8888(代表)
　FAX：02-3333-7777
　www.inavi.com

이메일편 (E-mail)

● 현장에서의 사용 예문_02

신상품 완성에 대한 치하

件名：新商品「イエロー」の完成、おめでとうございます
イロハ株式会社 商品開発部 吉本 様

　平素より、大変お世話になっております。
　株式会社アイナビの海外営業部の厳です。
　新商品「イエロー」がついに完成したとのこと、ご連絡いただき、
　ありがとうございます。吉本様には、他開発案件でもお忙しい中、
　開発責任者として現場で陣頭指揮をとっていただき、
　誠に感謝しております。
　休日を返上しての過酷なスケジュールの中、大変なご苦労をされた
　ことと拝察します。吉本様をはじめとした、開発部スタッフの皆様の
　おかげで他社に負けない、非常に完成度の高い商品になったと思います。
　販路拡大に向けた展開フローに関しましては、
　当社が責任を持って推し進めていきたいと考えております。
　今後も担当者一同、全力で取り組んで参りますのでご協力のほど、
　よろしくお願いいたします。
　メールにて恐縮ではございますが、取り急ぎ、お礼とご報告申し上げます。

　　　　　　　　　　　　　　　　オム　ジェワン
アイナビ(株)　海外営業部　厳 在完
jaewann@inavi.com
〒○○○-○○○○　韓国ソウル市江南区アイナビビル2-356
TEL：02-3333-9999(直通)　02-3333-8888(代表)
FAX：02-3333-7777
www.inavi.com

● 현장에서의 사용 예문_03

회사설명회에 대한 치하

件名：会社説明会 お疲れ様でした。

先日の会社説明会、本当にお疲れ様でした。
最終的に60名以上の学生に集まってもらうことができ、
参加者の反応も良かったのは、青山さんのおかげと感謝しています。
当日は、受付から、セミナー、最後の質疑応答まで、
とてもスムーズに進み、安心して見ていることができました。
青山さんにとっては、異動して初めての大きなイベントだったと思います。
戸惑うことも多かったと思いますが、
しっかりした仕事ぶりに感心しました。
これからも、いろいろと頼りにしていますのでよろしくお願いします。

総務部　池田　健二
内線　　025
kenzi@sakura.com

이메일편 (E-mail)

● 해석

거래불발에 대한 위로

건 명 : 이로하 사의 건
사쿠라 주식회사 상품개발부 가와사키 님

　수고하십니다. 주식회사 아이나비의 해외영업부 엄입니다.
　이로하 사의 건, 보고를 받았습니다. 이번에는 수주를 할 수 없었던 것, 유감입니다.
　상대 담당자와의 협상에서는 좋은 느낌이었다는 것도 있어서,
　무념함을 느끼고 있을지도 모르겠습니다.
　이번에는, 제안내용 및 프레젠테이션 둘 다, 가와사키 씨는 할 수 있는 모든 것을 해 주었다고
　생각하고 있습니다. 상대방에게는 여러 가지 사정이나 생각이 있으니, 결과에 대해서는
　어쩔 수 없습니다. 이번의 경험으로 또 많은 것을 배웠다고 생각하고 있습니다.
　그것을 꼭 다음에 활용해 주세요.

아이나비㈜ 해외영업부 엄 재완
jaewann@hyundai.com
〒○○○-○○○○　한국 서울시 강남구 아이나비건물 2-356
TEL : 02-3333-9999(직통) 02-3333-8888(대표)
FAX : 02-3333-7777
www.inavi.com

신상품 완성에 대한 치하

건 명 : 신상품「옐로」의 완성, 축하합니다.
이로하 주식회사 상품개발부 요시모토 님

　평소부터, 매우 신세를 지고 있습니다. 주식회사 아이나비의 해외영업부 엄입니다.
　신상품「옐로」가 마침내 완성된 것에 대한 연락을 주셔서 감사합니다.
　요시모토 님에게는, 타 개발안건으로도 바쁘신 중에, 개발책임자로서 현장에서 진두지휘를
　해 주셔서 진심으로 감사하고 있습니다.
　휴일을 반납한 과혹한 스케줄 속에서, 엄청난 고생을 하셨다고 생각됩니다.
　요시모토 씨를 비롯해서, 개발부직원 여러분의 덕분으로 타사에 지지 않는, 매우 완성도가 높은
　상품이 되었다고 생각합니다. 판로확대로 향한 전개흐름에 관해서는 당사가 책임을 가지고
　추진해 가고 싶다고 생각하고 있습니다.
　앞으로도 담당자 일동이, 전력으로 연구해 갈 테니, 협력을 잘 부탁합니다.
　메일로 죄송합니다만, 급히 감사와 보고 드립니다.

아이나비㈜ 해외영업부 엄 재완
jaewann@hyundai.com
〒○○○-○○○○　한국 서울시 강남구 아이나비건물 2-356
TEL : 02-3333-9999(직통) 02-3333-8888(대표)
FAX : 02-3333-7777
www.inavi.com

회사설명회에 대한 치하

건 명 : 회사설명회 수고하셨습니다.

전날 회사설명회 정말로 수고하셨습니다.
최종적으로 60명 이상의 학생이 모였고, 참가자의 반응도 좋았던 것은, 아오야마 씨의 덕분이라고 감사하고 있습니다.
당일은, 접수에서 세미나, 마지막의 질의응답까지 매우 부드럽게 진행되어,
안심하고 볼 수가 있었습니다.
아오야마 씨에게 있어서는, 인사이동하고 나서 첫 큰 이벤트였다고 생각합니다.
당황스러운 일도 많았을 거라고 생각합니다만, 제대로 일을 하는 모습에 감동했습니다.
앞으로도 여러 가지 의지를 할 테니 잘 부탁합니다.

총무부 이케다 켄지
내선　025
kenzi@sakura.com

● 어휘설명

17_조회(문의)

조회(문의)메일은, 잘 모르는 부분이나, 확실하지 않은 것에 대해서 묻는 것이다.
메일로 부담없이 질문할 수 있는 장점도 있지만, 질문방법에도 요령이나 예의가 있다.
자신이 알고 싶은 것에 정확한 회답을 얻기 위해서,
질문할 때의 포인트를 명확하게 전달하는 것이 중요하다.

● 조회(문의)의 메일에서 정해진 표현

표 현	사용의 예
お伺いいたします 여쭙겠습니다	進捗状況について、お伺いいたします。 진척상황에 대해서 여쭙겠습니다.
照会します 조회하겠습니다	当社製品ブラックボックスの取り扱い方法について照会します。 당사제품 블랙박스의 취급방법에 대해서 조회하겠습니다
ご照会いたします 조회하겠습니다	手続き上さしつかえないか、ご照会いたします。 수속 상에 지장이 없는지, 조회하겠습니다
お問い合わせいたします 문의하겠습니다.	イベントの内容についてお問い合わせいたします。 이벤트 내용에 대해서 문의하겠습니다.
お尋ねいたします 질문하겠습니다	担当の方にお尋ねいたします。 담당 분에게 질문하겠습니다.
お教え願います 가르침 부탁합니다	新シリーズブラックボックスの商品構成についてお教え願います。 신 시리즈 블랙박스의 상품구성에 대해서 가르침 부탁합니다.
～について改めて確認したい点がございますので ~에 대해서 새롭게 확인하고 싶은 점이 있으니	支払い条件について改めて確認したい点がございますので、ご多用中、誠に恐縮ですが、折り返しご回答を賜りたくお願い申しあげます。 지불조건에 대해서 새롭게 확인하고 싶은 점이 있으니, 바쁘신 중에 진심으로 죄송합니다만, 바로 답변을 받고 싶어서 부탁말씀을 드립니다.
～について今一度確認させていただきたく ~에 대해서 지금 한 번 확인하고 싶어서	支払い条件について今一度確認させていただきたく、ご照会いたします。 지불조건에 대해서 지금 한 번 확인하고 싶어서 조회하겠습니다.
～について把握したく ~에 대해서 파악하고 싶어서	支払い条件等について把握したく、お伺い申しあげる次第です。 지불조건 등에 대해서 파악하고 싶어서, 여쭙는 바입니다.
ご回答いただければ幸いです 답변을 해 주시면 고맙겠습니다	御地の商況についてご回答いただければ幸いです。 계시는 곳의 사업의 상황에 대해서 답변을 해 주시면 고맙겠습니다.

이메일편 (E-mail)

표현	사용의 예
ご一報(いっぽう)くださいますようお願(ねが)い申(もう)しあげます 알려주시도록 부탁말씀 드립니다	ご提供(ていきょう)のお客様(きゃくさま)、または個人(こじん)(法人(ほうじん)に属(ぞく)さない方(かた))からのお申込(もうしこみ)は事前(じぜん)にご一報(いっぽう)くださいますようお願(ねが)い申(もう)しあげます。 제공하시는 손님, 또는 개인(법인에 속하지 않는 분)으로부터의 신청은 사전에 알려주시도록 부탁말씀 드립니다.
ご善処(ぜんしょ)いただきたくお願(ねが)い申(もう)しあげます 선처를 받고 싶어서 부탁말씀 드립니다	商品(しょうひん)が未着(みちゃく)ですので、至急(しきゅう)、ご調査(ちょうさ)のうえ、ご善処(ぜんしょ)いただきたくお願(ねが)い申(もう)しあげます。 상품이 아직 도착하지 않기 때문에, 즉시, 조사를 하고 나서, 선처를 받고 싶어서 부탁말씀 드립니다.
いかがでしょう 어떻습니까?	工事(こうじ)の進行状況(しんこうじょうきょう)はいかがでしょう。 공사의 진행상황은 어떻습니까?
いかが相成(あいな)っておりますでしょうか 어떻게 된 것입니까?	未(いま)だご返済(へんさい)いただいておりません。いかが相成(あいな)っておりますでしょうか。 여태껏 변제되어 있지 않습니다. 어떻게 된 것입니까?
どのように 어떻게	御社(おんしゃ)の料金体系(りょうきんたいけい)はどのようになっているのでしょうか。 귀사의 요금체계는 어떻게 되어 있습니까?
お教(おし)え頂(いただ)きたく存(ぞん)じます 가르침을 받고 싶다고 생각합니다	ご存(ぞん)じでしたらお教(おし)え頂(いただ)きたく存(ぞん)じます。 알고 계시면, 가르침을 받고 싶다고 생각합니다.
お聞(き)かせ頂(いただ)きたく存(ぞん)じます 듣고 싶다고 생각합니다	製品使用(せいひんしよう)の感想(かんそう)をお聞(き)かせ頂(いただ)きたく存(ぞん)じます。 제품사용에 대한 감상을 듣고 싶다고 생각합니다.
ご回答(かいとう)いただければ誠(まこと)にありがたい次第(しだい)です 대답해 주시면 진심으로 고맙게 생각하는 바입니다	支払(しはら)い条件(じょうけん)について、ご回答(かいとう)いただければ誠(まこと)にありがたい次第(しだい)です。 지불조건에 대해서, 대답해 주시면 진심으로 고맙게 생각하는 바입니다.
なにぶんのご返事(へんじ)をお待(ま)ちしております 뭔가의 답변을 기다리고 있겠습니다	恐(おそ)れ入(い)りますが、なにぶんのご返事(へんじ)をお待(ま)ちしております。 죄송합니다만 뭔가의 답변을 기다리고 있겠습니다.
折(お)り返(かえ)しご返事(へんじ)をいただきたくお願(ねが)い申(もう)しあげます 바로 답변을 받고 싶은데 부탁말씀 드립니다	詳細(しょうさい)が決(き)まりましたら、折(お)り返(かえ)しご返事(へんじ)をいただきたくお願(ねが)い申(もう)しあげます。 상세한 것이 결정되면, 바로 답변을 받고 싶은데 부탁말씀 드립니다.

● 현장에서의 사용 예문_01

자동차용품 쇼 참가에 관한 문의

件名：自動車用品ショーについて
イロハ商事 株式会社 経営管理部 村田 浩志 様

いつも大変お世話になっております。
株式会社アイナビの海外営業部の厳です。
お忙しいところ申し訳ありませんが、6月5日に開催される
「自動車用品ショー」について質問があります。
　1　今からでもショーに応募可能でしょうか？
　2　可能であれば申し込み方法を教えていただけますでしょうか。

お忙しいところお手数をおかけし申し訳ございейませんが、
何卒よろしくお願いいたします。

アイナビ(株)　海外営業部　厳 在完(オム ジェワン)
jaewann@inavi.com
〒○○○-○○○○　韓国ソウル市江南区アイナビビル2-356
TEL：02-3333-9999(直通)　02-3333-8888(代表)
FAX：02-3333-7777
www.inavi.com

- 현장에서의 사용 예문_02

부품의 필요 개수와 희망납기에 대한 문의

件名：部品Aの必要数と希望納期について
サクラ株式会社 販売部 盛岡 サトミ 様

いつも大変お世話になっております。
株式会社アイナビの海外営業部の厳です。
お忙しいところ申し訳ありませんが、先日はご注文いただいた
部品Aの必要数と希望納期について質問がございます。
1　部品Aの必要数と希望納期をお知らせください。
2　納品方法は一括納品と順次納品のどちらをご希望でしょうか？
（こちらは希望納期によって再度調整させていただく可能性があります）
お手数をおかけしますが、お返事をお待ちしております。
以上、よろしくお願い致します。

アイナビ(株)　海外営業部　厳 在完(オム ジェワン)
jaewann@inavi.com
〒○○○-○○○○　韓国ソウル市江南区アイナビビル2-356
TEL：02-3333-9999(直通)　02-3333-8888(代表)
FAX：02-3333-7777
www.inavi.com

● 현장에서의 사용 예문_03

재고조회

件名：在庫照会のお願い
在庫管理部 小林 様

　お疲れ様です。株式会社アイナビの海外営業部の厳です。
　お忙しいところ恐縮です。
　現在、弊社では表題のシリーズについて、リニューアル商品を
　企画、検討しております。
　つきましては、下記について照会させていただきたく、
　ご連絡いたします。

　製品名　　　YBW0117シリーズ
　照会内容　　製品の回答日時点での在庫数、並びに累計販売数

　添付ファイルにて調査票をお送りしますので、ご確認ください。
　ご記入の上、8月6日(火)までに、
　海外営業部の厳までご返信のほどお願いいたします。

アイナビ(株)　海外営業部　厳 在完(オム ジェワン)
jaewann@inavi.com
〒○○○-○○○○　韓国ソウル市江南区アイナビビル2-356
TEL：02-3333-9999(直通)　02-3333-8888(代表)
FAX：02-3333-7777
www.inavi.com

이메일편 (E-mail)

● 해석

자동차용품 쇼 참가에 관한 문의

건 명 : 자동차용품 쇼에 대해서
이로하상사 주식회사 경영관리부 무라타 히로시 님

항상 매우 신세를 지고 있습니다. 주식회사 아이나비의 해외영업부 엄입니다.
바쁘신 중에 죄송합니다만, 6월 5일에 개최되는「자동차용품 쇼」에 대해서 질문이 있습니다.
 1 지금부터라도 쇼에 응모 가능합니까?
 2 가능하다면, 신청방법을 가르쳐 주실 수 있겠습니까?

바쁘신 중에 수고를 끼쳐서 죄송합니다만,
부디 잘 부탁합니다.

아이나비㈜ 해외영업부 엄 재완
jaewann@hyundai.com
〒○○○-○○○○   한국 서울시 강남구 아이나비건물 2-356
TEL : 02-3333-9999(직통) 02-3333-8888(대표)
FAX : 02-3333-7777
www.inavi.com

부품의 필요 개수와 희망납기에 대한 문의

건 명 : 부품 A의 필요 갯수와 희망납기에 대해서
사쿠라 주식회사 판매부 모리오카 사토미 님

항상 매우 신세를 지고 있습니다. 주식회사 아이나비의 해외영업부 엄입니다.
바쁘신 중에 죄송합니다만, 전날에는 주문을 받은 부품 A의 필요 개수와 희망납기에 대해서
질문이 있습니다.
 1 부품 A의 필요 갯수와 희망납기를 알려주세요.
 2 납품방법은 일괄납품과 순차납품, 어느 쪽을 희망하십니까?
(저희는 희망납기에 따라서 재차 조정할 가능성이 있습니다)
수고를 끼칩니다만, 답변을 기다리고 있습니다.
이상, 잘 부탁합니다.

아이나비㈜ 해외영업부 엄 재완
jaewann@hyundai.com
〒○○○-○○○○   한국 서울시 강남구 아이나비건물 2-356
TEL : 02-3333-9999(직통) 02-3333-8888(대표)
FAX : 02-3333-7777
www.inavi.com

재고조회

건 명 : 재고조회의 부탁
재고관리부 코바야시 님

수고하십니다. 주식회사 아이나비의 해외영업부 엄입니다.
바쁘신 중에 죄송합니다.
현재, 저희 회사에서는 표제의 시리즈에 대해서 리뉴얼상품을 기획, 검토하고 있습니다.
그런고로, 하기에 대해서 조회하고 싶어서 연락합니다.

제품명　　YBW0117시리즈
조회내용　제품의 회답일 시점에서의 재고수 및 누계판매수

첨부파일로 조사표를 보낼 테니 확인해 주세요.
기입하고 나서, 8월 6일(화)까지 해외영업부 엄에게 답변을 부탁합니다.

아이나비㈜ 해외영업부　엄 재완
jaewann@hyundai.com
〒○○○-○○○○　한국 서울시 강남구 아이나비건물 2-356
TEL : 02-3333-9999(직통)　02-3333-8888(대표)
FAX : 02-3333-7777
www.inavi.com

● 어휘설명

18_확인

확인메일은, 주문상품이나 상품대금의 입금, 거래처와의 협의 날짜 등의 사실확인 등에 하는 것이다.
메일을 주고 받을 때의 불명확한 점이나 불안한 점이 있으면,
바로 상대방에게 확인하는 것으로 오해나, 착각 등을 미연에 방지할 수가 있다.
상대에게 확인메일을 보낼 때, 상대는 시간을 들이거나 몸을 움직여야 하기 때문에,
반드시 미안한 마음을 담은 문장을 사용하여, 조금이라도 좋은 인상을 주도록 노력해야 한다.

● 확인의 메일에서 정해진 표현

표현	사용의 예
打ち合わせ 협의	この資料に基づいて打ち合わせをしましょう。 이 자료를 근거로 협의를 합시다.
入金 입금	銀行振込を選択いただいた場合、入金確認後の発送となります。 은행이체를 선택하신 경우, 입금확인 후 발송이 됩니다.
現時点 현 시점	現時点では未定ということでよろしいでしょうか。 현 시점에서는 미정인데 괜찮겠습니까?
配布 배포	展示会にて配布するサンプル商材のお見積りを鈴木様宛にお送りさせていただきました。 전시회에서 배포하는 샘플상품의 견적을 스즈끼 님 앞으로 보냈습니다.
再送 재 발송	もし、まだ届いていないようでしたら再送させていただきます。 만일 아직 배달되지 않은 것 같으면 재 발송하겠습니다.
祝祭日 경축일	吉本様がご希望の8月6日となりますと祝祭日に当たりますがよろしいでしょうか。 요시모토 님이 희망하는 8월 6일은 경축일인데 괜찮겠습니까?
旨 취지	プロジェクトに関するお見積りをお願いする旨のメールを送ります。 프로젝트에 관한 견적을 부탁하는 취지의 메일을 보내겠습니다.
平日 평일	これまでの納品日はすべて平日指定となっております。 지금까지의 납품일은 전부 평일지정으로 되어 있습니다.
記載 기재	張本様からのメールに記載のありました納品予定日についてです。 하리모토 씨로부터의 메일에 기재가 있었던 납품예정일에 대해서 입니다.
遅くとも 늦어도	詳細確認の上、遅くとも明日までにはお返事させていただきます。 상세한 것은 확인을 한 후, 늦어도 내일까지는 답변하겠습니다.
進行 진행	現在までの進行状況をお尋ねしたく、ご連絡差し上げました。 현재까지의 진행상황을 질문하고 싶어서 연락 드렸습니다.
拝見 보다 의 겸양	販促本会議の前に改めて、提案内容を拝見できればと思っております。 판촉 본 회의 전에 새롭게 제안내용을 볼 수 있으면, 하고 생각하고 있습니다.
数量 수량	在庫がありましたら、仕入れをしたいので下記の数量、納期までに手配が可能かどうかご回答ください。 재고가 있으면, 구입을 하고 싶으니, 하기의 수량, 납기까지 알아보는 것이 가능한지 어떤지 답변해 주세요.

이메일편 (E-mail)

표현	사용의 예
有無(ゆうむ) 유무	納品日(のうひんび)をご確認頂(かくにんいただ)き、注文(ちゅうもん)の有無(うむ)をご連絡頂(れんらくいただ)ければと存(ぞん)じます。 납품일을 확인하시고 주문의 유무를 연락주시면 좋겠다고 생각합니다.
検収(けんしゅう) 검수	ご検収(けんしゅう)いただき、万(まん)が一(いち)、ご不審(ふしん)な点(てん)がございましたら、遠慮(えんりょ)なくご連絡(れんらく)ください。 검수하시고, 만일 의심스러운 점이 있으시면 사양 마시고 연락주세요.
返送(へんそう) 반송	ご確認(かくにん)の上(うえ)、折(お)り返(かえ)しご返送(へんそう)くださいますようお願(ねが)い申(もう)し上(あ)げます。 확인한 후, 즉시 반송해 주시도록 부탁말씀 드립니다.
進(すす)み具合(ぐあい) 진행상태	作業(さぎょう)の進(すす)み具合(ぐあい)はいかがでしょうか。 작업의 진행상태는 어떻습니까?
教示(きょうじ) 교시	現状(げんじょう)の進捗状況(しんちょくじょうきょう)をご教示(きょうじ)いただけましたら幸(さいわ)いです。 현 상태의 진척상황을 교시해 주실 수 있으면 감사하겠습니다.
制作(せいさく) 제작	先日(せんじつ)お話(はなし)をいただいた制作(せいさく)の件(けん)ですが、その後(ご)いかがでしょうか。 전날 말씀해 주신 제작에 관한 건입니다만, 그 후 어떻습니까?
次回(じかい) 다음 번	先日確定(せんじつかくてい)させていただいた次回(じかい)の打(う)ち合(あ)わせ日(び)が、明後日(あさって)となりましたので改(あらた)めてご案内申(あんないもう)し上(あ)げます。 전날 확정한 다음 번의 협의 날짜가, 모레로 되었으니 새로이 안내말씀 드립니다.
日時(にちじ) 일시	もし、日時(にちじ)や場所等(ばしょなど)の変更(へんこう)のご希望(きぼう)がございましたら、お手数(てすう)ですがご連絡(れんらく)をいただけますと幸(さいわ)いです。 만일, 일시랑 장소 등의 변경의 희망이 있으시면 수고스럽지만 연락을 받을 수 있으면 감사하겠습니다.
複数(ふくすう) 복수	メールが届(とど)かない原因(げんいん)は複数考(ふくすうかんが)えられます。以下(いか)に該当(がいとう)しないかご確認願(かくにんねが)います。 메일이 도달되지 않은 원인은 여러 개 생각할 수 있습니다. 이하에 해당되지 않은지 확인 부탁합니다.
深夜(しんや) 심야	深夜(しんや)にも関(かか)わらず返信(へんしん)いただき感謝(かんしゃ)いたします。 심야임에도 불구하고 답변을 받아 감사합니다.
心(こころ)がけ 마음가짐	相手(あいて)からのメールを確認(かくにん)したらなるべく早(はや)く返信(へんしん)し、メールが届(とど)いていることを相手(あいて)に伝(つた)えようとする心(こころ)がけが大事(だいじ)になるでしょう。 상대방으로부터의 메일을 확인하면 가능한 한 빨리 답변을 하고, 메일이 도달되어 있는 것을 상대에게 전하려고 하는 마음가짐이 중요하겠죠.
一両日中(いちりょうじつちゅう) 금명간	一両日中(いちりょうじつちゅう)に状況(じょうきょう)を確認(かくにん)の上(うえ)ご連絡(れんらく)します。 금명간에 상황을 확인한 후에 연락하겠습니다.

표 현	사용의 예
ミス 미스	ご確認の上、何かミスなどがありましたらご連絡頂けますでしょうか？ 확인하고 나서, 뭔가 미스 등이 있으면 연락 받을 수 있을까요?
無事 무사	注文通りに無事納品されましたことを弊社工場長よりの連絡によって確認いたしました。 주문대로 무사 납품된 것을 저희 회사 공장장으로부터의 연락에 의해서 확인했습니다.
別 다른	前田さんは今回は別の担当なので、資料が必要な場合は私の方で準備いたします。 마에다 씨는 이번은 다른 담당이기 때문에 자료가 필요한 경우는 제 쪽에서 준비하겠습니다.
取引成立 거래성립	取引成立の確認メールではございませんので、お取引結果は入出金明細等でご確認をお願いいたします。 거래성립의 확인메일이 아니니, 거래결과는 입출금 명세 등으로 확인을 부탁합니다.
返信 답변	8月6日午前納品となりますと本日中の手配が必要となりますのでご返信いただけると幸いです。 8월 6일 오전 납품을 한다면 오늘 중으로 알아볼 필요가 있기 때문에 답변을 주실 수 있으면 감사하겠습니다.
本日付けで 오늘 부로	本日付けで、製品の代金10,000円のご入金を確認いたしました。誠にありがとうございました。 오늘 부로, 제품의 대금 10,000엔의 입금을 확인했습니다. 진심으로 감사했습니다.
念のため 만일을 위해서	念のため、下記メールについての返信をいただいていないことを再連絡いたす次第です。 만일을 위해서, 하기의 메일에 대한 답변을 받지 못한 것을 재차 연락드리는 바입니다.
確約 확약	「確認メール」は当社がお申し込みの受け付けを完了したことを確約するものではありません。 「확인메일」은 당사가 신청의 접수를 완료한 것을 확약하는 것은 아닙니다.
どうか 어떤지	以下のメールが届いているかどうかと、この問題についての貴殿の考えはどうかという確認です。 이하의 매일이 도달되어 있는지 어떤지, 이 문제에 대한 귀하의 생각은 어떤가 라는 확인입니다.

- 현장에서의 사용 예문_01

입금확인

件名：入金確認について
イロハ株式会社 総務部 鈴木 様

いつも大変お世話になっております。
株式会社アイナビの海外営業部の厳です。
８月６日付にてご請求いたしました
商品YBW0117(数量５０個)の商品代金につきまして、
８月３０日にお振り込みいただき、ありがとうございました。
本日、領収書を郵送いたしましたのでご査収くださいませ。
今後とも一層のお引き立てをよろしくお願い申し上げます。
まずは、お知らせかたがたお礼申し上げます。

アイナビ(株)　海外営業部　厳 在完
　　　　　　　　　　　　　オム　ジェワン
jaewann@inavi.com
〒○○○-○○○○　韓国ソウル市江南区アイナビビル2-356
TEL：02-3333-9999(直通)　02-3333-8888(代表)
FAX：02-3333-7777
www.inavi.com

● 현장에서의 사용 예문_02

납품예정일의 확인

件名：納品予定日についての確認
イロハ株式会社　営業部　高橋　様

　いつも大変お世話になっております。
　株式会社アイナビの海外営業部の厳です。
　先ほどいただいたメールの内容について
　１点確認したいことがございます。
　高橋様からのメールに記載のありました
　納品予定日についてですが「８月６日まで」というのは、
　８月６日中のお届けという理解でよろしいでしょうか。
　８月６日午前納品となりますと本日中の手配が必要となりますので
　ご返信いただけると幸いです。
　取り急ぎ、メールにてご連絡いたします。

アイナビ(株)　海外営業部　厳 在完（オム ジェワン）
jaewann@inavi.com
〒○○○-○○○○　韓国ソウル市江南区アイナビビル2-356
TEL：02-3333-9999(直通)　02-3333-8888(代表)
FAX：02-3333-7777
www.inavi.com

● 현장에서의 사용 예문_03

상품카탈로그 송부 확인

件名：来年度版の商品カタログ送付について
イロハ株式会社　営業部　本田　様

いつも大変お世話になっております。
株式会社アイナビの海外営業部の厳です。
１１月３０日に来年度版の商品カタログを送付いたしましたが
お手元に届いておりますでしょうか。
もし、まだ未到着のようでしたら
配送センターに確認いたしますのでお知らせください。
また、他担当者様分もご入り用でしたら
何なりとお申し付けください。
お忙しいところ、恐縮ですがご確認のほど、よろしくお願いいたします。

━━━━━━━━━━━━━━━━━━━━━━━━━━━━━━━━━━━━

　　　　　　　　　　　　　　オム　ジェワン
アイナビ(株)　海外営業部　厳　在完
jaewann@inavi.com
〒○○○-○○○○　韓国ソウル市江南区アイナビビル2-356
TEL：02-3333-9999(直通)　02-3333-8888(代表)
FAX：02-3333-7777
www.inavi.com

● 해석

입금확인

건 명 : 입금확인에 대해서
이로하 주식회사 총무부 스즈끼 님

    항상 대단히 신세를 지고 있습니다. 주식회사 아이나비의 해외영업부 엄입니다.
    8월 6일부로 청구한 상품 YBW0117(수량 50개)의 상품대금에 대해서
    8월 30일에 송금을 받아, 감사했습니다.
    오늘, 영수증을 우송했으니 잘 살펴봐 주세요.
    앞으로도 더 한층 잘 보살펴 주실 것을 부탁말씀 드립니다.
    우선은 알려드리면서 감사말씀 드립니다.

아이나비㈜ 해외영업부 엄 재완
jaewann@hyundai.com
〒○○○-○○○○　　한국 서울시 강남구 아이나비건물 2-356
TEL : 02-3333-9999(직통) 02-3333-8888(대표)
FAX : 02-3333-7777
www.inavi.com

납품예정일의 확인

건 명 : 납품예정일에 대한 확인
이로하 주식회사 영업부 타카하시 님

    항상 대단히 신세를 지고 있습니다. 주식회사 아이나비의 해외영업부 엄입니다.
    조금 전 답았던 메일의 내용에 대해서 한 개 확인하고 싶은 것이 있습니다.
    타카하시 님으로부토의 메일에 기재가 있는 납품예정일에 대해서 입니다만,
    「8월 6일까지」라는 것은, 8월 6일 중의 도착이라고 이해해도 되겠습니까?
    8월 6일 오전 중 납품이라면, 오늘 중으로 알아볼 필요가 있으니,
    답변 주시면 감사하겠습니다.
    급히, 메일로 연락드립니다.

아이나비㈜ 해외영업부 엄 재완
jaewann@hyundai.com
〒○○○-○○○○　　한국 서울시 강남구 아이나비건물 2-356
TEL : 02-3333-9999(직통) 02-3333-8888(대표)
FAX : 02-3333-7777
www.inavi.com

이메일편 (E-mail)

상품카탈로그 송부 확인

건명 : 내년도 판의 상품 카탈로그 송부에 대해서
이로하 주식회사 영업부 혼다 님

　항상 대단히 신세를 지고 있습니다. 주식회사 아이나비의 해외영업부 엄입니다.
　11월 30일에 내년도 판의 상품 카탈로그를 송부했습니다만, 받으셨습니까?
　만일, 아직 도착하지 않은 것 같으면, 배송센터에 확인할 테니 알려 주세요.
　또, 다른 담당자 님도 필요하시다면, 무엇이든지 말씀해 주세요.
　바쁘신 중 죄송합니다만, 확인을 잘 부탁드립니다.

아이나비㈜ 해외영업부 엄 재완
jaewann@hyundai.com
〒○○○-○○○○　　한국 서울시 강남구 아이나비건물 2-356
TEL : 02-3333-9999(직통) 02-3333-8888(대표)
FAX : 02-3333-7777
www.inavi.com

● 어휘설명

19_항의

항의메일은, 감정적으로 내용을 쓰지 않는 것이 중요하다.
푸념이나 불평을 쓰고 싶은 것은 이해가 되나, 앞으로의 관계를 생각하면,
절대 피해야만 하는 것이다. 우선은 사실을 말하고, 그 후 어떻게 해 주기를
바라는가 라는 요망이나 의견을 냉정하게 기재하도록 하자.
상대방이 잘못하여 보내는 항의메일이라고 해도 앞으로의 인간관계와 거래관계를 잘 생각해야 한다.

이메일편 (E-mail)

● 항의메일에서 정해진 표현

표 현	사용의 예
はなはだ迷惑をこうむっております 매우 폐를 입고 있습니다	契約を守っていただけない状況に、はなはだ迷惑をこうむっております。 계약을 지켜줄 수 없는 상황에, 매우 폐를 입고 있습니다.
はなはだ遺憾に存じております 심히 유감스럽게 생각하고 있습니다	今日まで、なんのご回答もなく、はなはだ遺憾に存じております。 오늘까지 아무런 회답도 없어서, 심히 유감스럽게 생각하고 있습니다.
誠に困惑するばかりです 진심으로 곤혹스러울 뿐입니다	なんのご連絡もいただけない状況に、誠に困惑するばかりです。 아무런 연락도 받을 수 없는 상황에, 진심으로 곤혹스러울 뿐입니다.
何分のご回答をお待ち申し上げます 뭔가의 회답을 기다리고 있다는 말씀을 드립니다	折り返し何分のご回答をお待ち申し上げます 즉시, 뭔가의 회답을 기다리고 있다는 말씀을 드립니다.
誠意ある回答をお待ち申し上げます 성의 있는 회답을 기다리고 있다는 말씀을 드립니다	この件につきましては、誠意ある回答をお待ち申し上げます。 이 건에 관해서는, 성의 있는 회답을 기다리고 있다는 말씀을 드립니다.
迅速な対応をお願い申し上げます 신속한 대응을 부탁말씀 드립니다.	なにとぞ、迅速な対応をお願い申し上げます 부디, 신속한 대응을 부탁말씀 드립니다.
承服いたしかねます 승복하기 어렵습니다	納期延長は承服いたしかねます。 납기연장은 승복하기 어렵습니다.
納得しかねることです 납득하기 어려운 일입니다	今になってキャンセルされるというのは、納得しかねることです。 이제야 와서 취소하신 다는 것은, 납득하기 어려운 일입니다
納得しろというほうが無理な話です 납득해라고 하는 쪽이 무리한 이야기입니다	理由のご説明もなく、これでは納得しろというほうが無理な話です。 이유의 설명도 없이, 이래서는 납득해라고 하는 쪽이 무리한 이야기입니다.

표현	사용의 예
しかるべき善処方をお願い申し上げます 합당한 선처방법을 부탁말씀 드립니다	調査のうえ、しかるべき善処方をお願い申し上げます。 조사한 후에, 합당한 선처방법을 부탁말씀 드립니다.
早急な対処をお願い申し上げます 즉각적인 대처를 부탁말씀 드립니다	なにとぞ、早急な対処をお願い申し上げます。 부디, 즉각적인 대처를 부탁말씀 드립니다.
十分な注意を喚起する次第です 충분한 주의를 환기하는 바입니다	今後このようなことがないように、十分な注意を喚起する次第です。 앞으로 이러한 일이 없도록, 충분한 주의를 환기하는 바입니다.
事態を改善していただけますようお願い申し上げます 사태를 개선해 주실 수 있도록 부탁말씀 드립니다	とにかく、事態を改善していただけますようお願い申し上げます。 여하튼, 사태를 개선해 주실 수 있도록 부탁말씀 드립니다.
～なるのが筋ではないかと存じます ~되는 것이 도리가 아닌가 라고 생각합니다	つきましては当該品は貴社にてお引き取りになるのが筋ではないかと存じます。 그런고로 당 제품은 귀사에서 떠맡는 것이 도리가 아닌가 라고 생각합니다.
～のが適切な措置かと存じます ~것이 적절한 조치라고 생각합니다	商品をただちに回収されるのが適切な措置かと存じます。 상품을 즉시 회수하시는 것이 적절한 조치라고 생각합니다.
～ことが賢明な方途かと存じます ~것이 현명한 방도라고 생각합니다	計画を中止されることが、貴社にとって賢明な方途かと存じます。 거래를 중지하시는 것이, 귀사에 있어서 현명한 방도라고 생각합니다.
何らかの措置をとりたいと思います 원가의 조치를 취하고 싶다고 생각합니다	今後の推移次第では、何らかの措置をとりたいと思います。 앞으로의 추이에 따라서는 원가의 조치를 취하고 싶다고 생각합니다
僭越ながらご忠告申し上げます 외람되지만 충고말씀 드립니다	今後このようなことがないように、僭越ながらご忠告申し上げます。 앞으로 이러한 일이 없도록, 외람되지만 충고말씀 드립니다

이메일편 (E-mail)

표현	사용의 예
しかるべき処置をとらせていただきます 합당한 조치를 하겠습니다	最悪の場合はしかるべき処置をとらせていただきます。 최악의 경우는 합당한 조치를 하겠습니다.
万一期日までにご回答のない場合には 만일 기일까지 회답이 없는 경우에는	万一期日までにご回答のない場合には、法律上の手続きをとる所存でございます。 만일 기일까지 회답이 없는 경우에는, 법률 상의 수속을 취할 생각입니다.
今後の推移次第では 앞으로의 추이에 따라서는	今後の推移次第では、法律上の手続きをとる所存でございます。 앞으로의 추이에 따라서는, 법률 상의 수속을 취할 생각입니다.
今後はくれぐれもご注意ください 앞으로는 부디 주의해 주세요	二度とこのようなことが起こらないよう、今後はくれぐれもご注意ください。 두 번 다시 이러한 일이 일어나지 않도록, 앞으로는 부디 주의해 주세요
法的措置に訴えることになろうかと思われます 법률조치로 고소하게 될 거라고 생각됩니다	止むを得ず、法的措置に訴えることになろうかと思われます。 어쩔 수 없이, 법률조치로 고소하게 될 거라고 생각됩니다
弊社の顧問弁護士とも相談したうえで 저희 회사의 고문변호사와도 상담하고 나서	今後の推移次第では、弊社の顧問弁護士とも相談したうえで、しかるべき対応いたす所存でございます。 앞으로의 추이에 따라서는, 저희 회사의 고문변호사와도 상담하고 나서 합당한 대응을 할 생각입니다
御社との取引を停止せざるを得ません 귀사와의 거래를 정지할 수밖에 없습니다	本意ではありませんが、御社との取引を停止せざるを得ませ。 본의는 아니지만, 귀사와의 거래를 정지할 수밖에 없습니다
早急な措置を講じていただきますよう 조급한 조치를 강구해 주시도록	今後は早急な措置を講じていただきますようお願い申し上げます。 앞으로는 조급한 조치를 강구해 주시도록 부탁말씀 드립니다.
相当の損害 상당한 손해	遅延をとると、弊社も相当の損害を被ることとなります。 지연을 하면, 저희 회사도 상당한 손해를 입게 됩니다.

● 현장에서의 사용 예문_01

개장작업 연기의 항의

件名：横浜店改装作業延期について
株式会社サクラ　営業部　富岡　様

　この度は、横浜店改装工事にご協力いただきまして、
誠にありがとうございます。
株式会社アイナビの海外営業部の厳です。
さて、8月6日にいただいた「改装作業工程見直し」の件でございますが、
当社といたしましては、お受けいたしかねます。
8月6日には、ホームページ公開をはじめ、
各種販促イベントを企画しており、各社それに合わせて作業を
進めております。
遅延となりますと、弊社としても相当の損害を被ることとなります。
諸事情をお汲み取りいただき、何卒、ご協力をいただきたく、
ご対応よろしくお願い申し上げます。
取り急ぎ、ご連絡まで。

　　　　　　　　　　　　　　　　　　オム　ジェワン
アイナビ(株)　海外営業部　厳　在完
jaewann@inavi.com
〒○○○-○○○○　韓国ソウル市江南区アイナビビル2-356
TEL：02-3333-9999(直通)　02-3333-8888(代表)
FAX：02-3333-7777
www.inavi.com

● 현장에서의 사용 예문_02

납기지연의 항의

件名：納期遅延について
株式会社イエロー 営業部 松田 様

いつも大変お世話になっております。
株式会社アイナビの海外営業部の厳です。
１週間ほど前に注文させていただいた「ブラックボックス」の件ですが、
本日現在、まだ商品が届いておりません。
８月６日付の注文書では、確かに昨日の時点で納品となっております。
このままでは、こちらといたしましても対処しかねますので、
何かのお手違いかとは存じますが、至急ご確認の上、
遅延のご事情と納品予定日をご連絡ください。
早急にご善処いただきたいと存じます。
よろしくお願い申し上げます。

アイナビ(株)　海外営業部　厳 在完 (オム ジェワン)
jaewann@inavi.com
〒○○○-○○○○　韓国ソウル市江南区アイナビビル2-356
TEL：02-3333-9999(直通)　02-3333-8888(代表)
FAX：02-3333-7777
www.inavi.com

● 현장에서의 사용 예문_03

제품파손의 항의

件名：製品の破損について
株式会社ヒヨコ 商品管理部 松坂 様

いつも大変お世話になっております。
株式会社アイナビの海外営業部の厳です。
昨日、納品いただいた商品を確認したところ、
液晶表示部にキズがついている商品が５個見つかりました。
大変恐れ入りますが、商品の状態をご確認の上、
至急、代替品の送付をお願いいたします。
なお、当該商品につきましては、善処法をお知らせください。
恐れ入りますが、この件に関しまして、
折り返しお返事をお待ちしております。
取り急ぎご連絡まで。

アイナビ(株)　海外営業部　厳 在完
　　　　　　　　　　　　　オム　ジェワン
jaewann@inavi.com
〒○○○-○○○○　韓国ソウル市江南区アイナビビル2-356
TEL：02-3333-9999(直通)　02-3333-8888(代表)
FAX：02-3333-7777
www.inavi.com

● 해석

개장작업 연기의 항의

건 명 : 요코하마 지점 개장작업 연기에 대해서
주식회사 사쿠라 영업부 토미오카 님

이 번에는 요코하마 지점 개장 공사에 협력해 주셔서 진심으로 감사합니다.
주식회사 아이나비 해외영업부의 엄입니다.
그런데, 8월 6일에 받은 「개장작업공정 재검토」의 건입니다만,
당사로서는, 받아들이기 어렵습니다.
8월 6일에는, 홈페이지공개를 비롯해서, 각 종 판촉이벤트를 기획하고 있어서,
각 사가 그것에 맞추어서 작업을 진행하고 있습니다.
지연이 되면 저희 회사로서도 상당한 손해를 입게 됩니다.
모든 사정을 이해해 주시도록, 부디 협력을 받고 싶고,
대응에 대해 잘 부탁말씀 드립니다.
급히 연락드립니다.

아이나비㈜ 해외영업부 엄 재완
jaewann@hyundai.com
〒○○○-○○○○   한국 서울시 강남구 아이나비건물 2-356
TEL : 02-3333-9999(직통) 02-3333-8888(대표)
FAX : 02-3333-7777
www.inavi.com

납기지연의 항의

건 명 : 납기지연에 대해서
주식회사 옐로 영업부 마츠다 님

항상 신세를 지고 있습니다. 주식회사 아이나비 해외영업부의 엄입니다.
1주일 정도 전에 주문한 「블랙박스」와 관련된 건입니다만,
오늘 현재, 아직 상품이 도달되지 않았습니다.
8월 6일 부의 주문서에서는, 확실이 어제의 시점에서 납품으로 되어 있습니다.
이대로는, 저희 쪽에서도 대처하기 어렵기 때문에, 뭔가의 착각이라고는 생각합니다만,
즉시 확인을 하시고 나서, 지연의 사정과 납품예정일을 연락주세요.
급히 선처를 받고 싶다고 생각합니다.
잘 부탁말씀 드립니다.

아이나비㈜ 해외영업부 엄 재완
jaewann@hyundai.com
〒○○○-○○○○   한국 서울시 강남구 아이나비건물 2-356
TEL : 02-3333-9999(직통) 02-3333-8888(대표)
FAX : 02-3333-7777
www.inavi.com

제품파손의 항의

건 명 : 제품의 파손에 대해서
주식회사 히요코 상품관리부 마츠자카 님

항상 신세를 지고 있습니다. 주식회사 아이나비 해외영업부의 엄입니다.
어제 납품 받은 상품을 확인했던 바, 액정표시부에 흠이 있는 상품이 5개 발견되었습니다.
매우 죄송합니다만, 상품의 상태를 확인한 후, 즉시, 대체품의 송부를 부탁합니다.
그리고, 해당상품에 대해서는, 선처법을 알려주세요.
죄송합니다만, 이 건에 관해서는 즉시 답변을 기다리고 있겠습니다.
급히 연락드렸습니다.

아이나비㈜ 해외영업부 엄 재완
jaewann@hyundai.com
〒○○○-○○○○   한국 서울시 강남구 아이나비건물 2-356
TEL : 02-3333-9999(직통) 02-3333-8888(대표)
FAX : 02-3333-7777
www.inavi.com

● 어휘설명

20_문안

문안메일은, 편지로 쓰는 것이 일반적이지만, 지금은 메일로 간략하게 메시지를 보는 것이 추세이다.
길게 쓰는 것보다, 상대를 걱정하는 마음을 전달하는 것과 안부를 신경 쓰는 것이 중요하다.
큰 사건이나 사고가 아닌, 작은 것에 대해서도, 한 마디 문안이나 안부의 말을 해 두면,
상대방에게 대한 배려나 마음을 전할 수가 있다.
그리고 상대방과의 거리감을 줄이고 싶을 때에 효과적이다.

● 조회(문의)의 메일에서 정해진 표현

표 현	사용의 예
お大事にどうぞ 몸조심하세요	ご無理なさらず、お大事にどうぞ。 무리 하시지 말고 몸조심하세요.
突然のことに我が耳を疑うばかりです。 갑작스러운 일로 제 귀를 의심할 뿐입니다	死傷者も出ているとうかがいました。突然のことに我が耳を疑うばかりです。 사상자도 나왔다고 들었습니다. 갑작스러운 일로 제 귀를 의심할 뿐입니다.
ご同情に堪えません 동정을 금할 길이 없습니다	皆様のご心痛を思い、ご同情に堪えません。 여러분의 심통함을 생각하며, 동정을 금할 길이 없습니다.
おかげんはいかがですか 몸상태는 어떻습니까	体調不良にて休暇をとられているとのことですが、その後おかげんはいかがでしょうか。 컨디션이 안 좋아서 휴가를 받으셨다고 하는데, 그 후 몸상태는 어떻습니까?
大変驚いております 매우 놀랐습니다	ご病気にて入院と承りまして大変驚いております。 병으로 입원했다고 들어서 매우 놀랐습니다.
ただただ驚くばかりです 단지 놀랄 뿐입니다	突然の悲報に接し、弊社の職員一同は、ただただ驚くばかりです。 갑작스런 비보를 접해, 저희 회사의 직원 일동은, 단지 놀랄 뿐입니다.
ご多忙の御身でしょうが 바쁘신 몸입니다만	ご多忙の御身でしょうが、どうぞ十分にご加療なさいまして、一日も早くご全快なさるよう心からお祈り申しあげております 。 바쁘신 몸입니다만, 부디 충분히 치료하시고, 하루라도 빨리 완쾌가 되시도록 마음으로 기원의 말씀 드립니다.
くれぐれもお大事になさってください 부디 몸조심하세요	まだまだ寒い日が続きます。くれぐれもお大事になさってください。 아직 추운 날이 계속됩니다. 부디 몸조심하세요.
ご静養のほど 휴양하시도록	気がかりなことも多いかと存じますが、ご静養のほどお祈りしております。 신경 쓰이는 것도 많을 거라고 생각합니다만, 휴양하시도록 기원하고 있습니다.

이메일편 (E-mail)

표 현	사용의 예
ご自愛のほどお祈りしております 몸조심하도록 기원하고 있습니다	何かとご苦労が多いことと存じますが、どうぞご自愛のほどお祈りしております。 뭔가 고생이 많을 거라고 생각합니다만, 부디 몸조심하도록 기원하고 있습니다.
この際十分にご養生に励まれ 이 기회에 충분히 보양에 힘쓰시고	この際十分にご養生に励まれ、一日も早く全快されますようお祈り申し上げます。 이 기회에 충분히 보양에 힘쓰시고 하루라도 빨리 완쾌가 되시도록 기원의 말씀 드립니다.
心からお見舞い申し上げます 마음으로 문안말씀 드립니다	地震により被災された皆様に心からお見舞い申し上げます。 지진에 의해 피해를 입은 여러분께 마음으로 문안말씀 드립니다.
ご心痛のほどお察し致します 마음이 아프신 것이 헤아려집니다	ご家族が入院されたとうかがいました。ご心痛のほどお察し致します。 가족이 입원하셨다고 들었습니다. 마음이 아프신 것이 헤아려집니다.
～はいかがかとご案じ申し上げます ～은 어떤지 걱정말씀 드립니다	大雨による被害が甚大とうかがいました。支店の皆さまはいかがかとご案じ申し上げます。 큰 비에 의한 피해가 막대하다고 들었습니다. 지점의 여러분은 어떤지 걱정말씀 드립니다.
～はいかがでしょうか。ご案じ申し上げております ～는 어떻습니까? 걱정말씀 드립니다.	皆様のご様子はいかがでしょうか。ご案じ申し上げております。 여러분의 상태는 어떻습니까? 걱정말씀 드립니다.
～とのことで大変心配しております ～는데 매우 걱정하고 있습니다	死傷者も出ているとのことで大変心配しております。 사상자도 나왔다고 하는데 매우 걱정하고 있습니다.
突然の事に言葉もありません 갑작스런 일로 드릴 말씀이 없습니다	突然の事に言葉もありません。心身ともにおつらいところ、お知らせ頂き本当にありがとうございます。 갑작스런 일로 드릴 말씀이 없습니다. 몸과 마음이 다 괴로울 때, 소식을 받아서 정말로 감사합니다.
慰めの言葉もありません 뭐라고 위로의 말씀도 없습니다	残念な結果には、慰めの言葉もありません。 유감스러운 결과에는 뭐라고 위로의 말씀도 없습니다.

표 현	사용의 예
十分のご加療とご静養で 충분한 치료와 휴양으로	くれぐれも十分のご加療とご静養で、一日も早くご全快されますようお祈り申し上げます。 부디 충분한 치료와 휴양으로, 하루라도 빨리 완쾌가 되시도록 마음으로 기원의 말씀 드립니다.
ご困窮のこと、拝察申し上げます 상당히 곤궁한 것이 살펴집니다	復旧作業で、ご困窮のこと、拝察申し上げます。 복구작업으로, 곤궁한 것이 살펴집니다.
ご苦労のほど痛いほど分かります 고생하신 것을 뼈저리게 알겠습니다	被害に遭われたとうかがいました。ご苦労のほど痛いほど分かります。 피해를 당하셨다고 들었습니다. 고생하신 것을 뼈저리게 알겠습니다.
お仕事が気にかかることとは存じますが 일이 신경 쓰일 거라고 생각합니다만	お仕事が気にかかることとは存じますが、この際十分にご静養なさってください。 일이 신경 쓰일 거라고 생각합니다만, 이번 기회에 충분히 쉬어 주세요.
ここしばらくは健康回復につとめられ 잠시동안은, 건강회복에 힘쓰시며	お仕事が気にかかることとは存じますが、ここしばらくは、健康回復につとめられ、一日も早く退院なさいますことをお祈り申し上げます。 일이 신경 쓰일 거라고는 생각합니다만, 잠시동안은, 건강회복에 힘쓰시며, 하루라도 빨리 퇴원하실 것을 기원말씀 드립니다.
この際ですから〜十分なご静養をなさるよう願っております 이번 기회에~충분히 쉬시도록 기원하고 있습니다	この際ですから、いままでお休みになれなかった分、十分なご静養をなさるよう願っております。 이번 기회에 지금까지 쉴 수 없었던 만큼, 충분히 쉬시도록 기원하고 있습니다.
一日も早いご回復をお祈り申し上げます 하루하도 빠른 회복을 기원말씀 드립니다	ご病状はいかがでしょうか。一日も早いご回復を、お祈り申し上げます。 병 상태는 어떻습니까? 하루하도 빠른 회복을 기원말씀 드립니다.
元気なお顔をお見せくださいますよう、お祈り申し上げます 건강한 얼굴을 보여주시도록 기원말씀 드립니다	十分に養生され、元気なお顔をお見せくださいますよう、お祈り申し上げます。 충분히 쉬시고, 건강한 얼굴을 보여주시도록 기원말씀 드립니다.

● 현장에서의 사용 예문_01

병에 대한 문안인사

件名：お見舞い申し上げます
イロハ株式会社 営業部 原 浩志 様

いつも大変お世話になっております。
株式会社アイナビの海外営業部の厳です。
本日、貴社山田様よりお聞きしましたところ、
ご自宅でご療養中と伺い、大変驚いております。
その後お加減はいかがでございましょうか。
心よりお見舞い申し上げます。
どうぞ、しばらくは体をゆっくりお休めになり、
一日も早いご回復を心よりお祈り申し上げます。
心ばかりのお見舞いの品をお送りいたしました。
どうぞお収めくださいませ。
また、このメールにお返事は不要ですので、
お気遣いをなさいませんように お願い申し上げます。
メールにて恐縮ですが、取り急ぎ、お見舞い申し上げます。

アイナビ(株)　海外営業部　厳 在完 (オム ジェワン)
jaewann@inavi.com
〒○○○-○○○○　韓国ソウル市江南区アイナビビル2-356
TEL：02-3333-9999(直通)　02-3333-8888(代表)
FAX：02-3333-7777
www.inavi.com

● 현장에서의 사용 예문_02

사고에 대한 문안인사

件名：事故のお見舞い
サクラ株式会社　営業部　宮沢　様

　いつも大変お世話になっております。
　株式会社アイナビの海外営業部の厳です。
　交通事故に遭われたとのお知らせをいただき、
　突然のことに大変驚いております。
　命に別状がないとのことと伺いましたが
　その後の経過はいかがでしょうか。
　本来は、お見舞に伺うべきですが、騒がしてはいけないと思い、
　別便にてお見舞いの品をお送りしましたので、
　お受け取りください。
　どうぞしばらくはご無理をされず、
　一日も早いご回復をお祈り申し上げております。
　まずは、取り急ぎメールにて、お見舞い申し上げます。。

アイナビ(株)　海外営業部　厳 在完
　　　　　　　　　　　　　　オム　ジェワン
jaewann@inavi.com
〒◯◯◯-◯◯◯◯　　韓国ソウル市江南区アイナビビル2-356
TEL：02-3333-9999(直通)　　02-3333-8888(代表)
FAX：02-3333-7777
www.inavi.com

- 현장에서의 사용 예문_03

지진재해에 대한 문안인사

件名：地震災害のお見舞い申し上げます
ヤマト株式会社　海外開発部　部長　杉本　様

　平素よりお世話になっております。
　株式会社アイナビの海外営業部の厳です。
　この度、貴社付近で大きな地震があったようですが、
　ご無事でしたでしょうか？
　特に、御地付近にて大きな被害が出ているようで
　大変心配しております。
　皆様のご無事を心よりお祈りすると共に
　何か、お力になれることがございましたら、
　どうぞご遠慮なくお申し付けください。
　できるかぎりのご援助をさせていただきたく存じます。
　まずは取り急ぎメールにてお見舞い申し上げます。。

==

アイナビ(株)　海外営業部　厳　在完(オム ジェ ワン)
jaewann@inavi.com
〒○○○-○○○○　韓国ソウル市江南区アイナビビル2-356
TEL：02-3333-9999(直通)　02-3333-8888(代表)
FAX：02-3333-7777
www.inavi.com

● 해석

병에 대한 문안인사

건 명 : 문안 말씀 드립니다.
아로하 주식회사 영업부 하라 히로시 님

  항상 매우 신세를 지고 있습니다.
  주식회사 아이나비 해외영업부의 엄입니다.
  오늘, 귀사 야마다 님으로부터 들었던 바, 자택에서 요양 중이라고 해서, 매우 놀랐습니다.
  그 후, 몸은 어떻습니까?
  마음으로부터 문안말씀 드립니다.
  부디, 잠시동안 몸을 푹 쉬시고, 하루라도 빠른 회복을 마음으로부터 기원말씀 드립니다.
  마음뿐인 문안인사의 선물을 보내드렸습니다. 잘 받아주세요.
  또, 이 메일에 답변은 필요 없으니, 신경 쓰시지 않도록 부탁말씀 드립니다.
  메일로 대단히 죄송합니다만, 급히 문안 말씀 드립니다.

아이나비㈜ 해외영업부 엄 재완
jaewann@hyundai.com
〒○○○-○○○○   한국 서울시 강남구 아이나비건물 2-356
TEL : 02-3333-9999(직통) 02-3333-8888(대표)
FAX : 02-3333-7777
www.inavi.com

사고에 대한 문안인사

건 명 : 사고에 대한 문안
사쿠라 주식회사 영업부 미야자와 님

  항상 매우 신세를 지고 있습니다.
  주식회사 아이나비 해외영업부의 엄입니다.
  교통사고를 당하셨다는 소식을 듣고, 갑작스런 일로 매우 놀랬습니다.
  목숨에 별 지장이 없다고 들었습니다만, 그 후의 경과는 어떻습니까?
  본래는, 문안 여쭈어야만 합니다만, 소란스러워서는 안 된다고 생각하여,
  다른 편으로 문안 선물을 보내드렸으니, 받아주세요.
  부디 잠시동안은 무리를 하시지 마시고, 하루라도 빨리 회복하실 것을 기원말씀 드립니다.
  우선은, 급히 메일로 문안말씀 드립니다.

아이나비㈜ 해외영업부 엄 재완
jaewann@hyundai.com
〒○○○-○○○○   한국 서울시 강남구 아이나비건물 2-356
TEL : 02-3333-9999(직통) 02-3333-8888(대표)
FAX : 02-3333-7777
www.inavi.com

이메일편 (E-mail)

지진재해에 대한 문안인사

건 명 : 재해의 문안 말씀 드립니다
야마토 주식회사 해외개발부 스기모토 님

평소부터 신세를 지고 있습니다.
주식회사 아이나비 해외영업부의 엄입니다.
이번에 귀사부근에서 큰 지진이 있었던 것 같습니다만, 무사하십니까?
특히 계시는 지역 부근에 큰 피해가 나온 것 같아서 매우 걱정하고 있습니다.
여러분의 무사함을 마음으로부터 기원하는 것과 함께 뭔가 힘이 될 수 있는 일이 있으시다면 부디 사양 마시고 말씀해 주세요.
가능한 한 원조를 하고 싶다고 생각하고 있습니다.
우선은 급히 메일로 문안말씀 드립니다.

아이나비㈜ 해외영업부 엄 재완
jaewann@hyundai.com
〒○○○-○○○○   한국 서울시 강남구 아이나비건물 2-356
TEL : 02-3333-9999(직통) 02-3333-8888(대표)
FAX : 02-3333-7777
www.inavi.com

- 어휘설명

기절초풍 비즈니스 일본어

이메일편 (E-mail)

어휘설명집

이 장 우

파고다어학원 JLPT JPT강사
한양여대 JLPT강사
이장우닷컴대표
EBS JLPT 강의

주요저서

상상 JLPT시리즈
SJPT 통(通)톡(TALK)하다
JLPT 시뮬레이션시리즈
JLPT 한번에 패스하기 시리즈
JLPT JPT딱! 걸렸어 시리즈 등 다수

01_감사_어휘설명

件名 건 명　資料 자료　管理課 관리과　お疲れ様 수고하다　現代 현대　自動車 자동차　先日 전날　お願い致す 부탁하다　取引先 거래처　〜に関して 〜에 관해서　大変 매우　役に立つ 도움이 되다　非常に 매우　参考 참고　多い 많다　仕事 일　〜上で 〜하는데 있어서　有意義 유의미　生かす 살리다　好意 호의　感謝 감사　まずは 우선은　お礼 감사　〜かたがた 〜을 겸해　連絡 연락　電話番号 전화번호　携帯 휴대(폰)　出張時 출장 시　お世話になる 신세를 지다　商事 상사　営業 영업　部長 부장　株式会社 주식회사　際 때　お心遣い 마음 씀씀이　誠に 진심으로　深い 깊다　申し上げる「言う-말하다」의 겸양표현　多忙中 바쁜 중　〜にもかかわらず 〜에도 불구하고　工場 공장　店舗 점포　視察 시찰　同行 동행　心 마음　右往左往 우왕좌왕　邁進 매진　今回 이번　配慮 배려　より 보다　良い 좋다　製品 제품　作る 만들다　存じる「思う-생각하다」의 겸양표현　今後 앞으로　建設 건설　国際 국제　経済 경제　研究所 연구소　紹介 소개　会う 만나다　伺う「聞く-듣다」의 겸양표현　貴重 귀중　企画書 기획서　練り直す 새로 다듬다　力 힘　貸す 빌려주다

02_사과_어휘설명

件名 건 명 **インボイス** 송장 **提出** 제출 **期限** 기한 **遅延** 지연 **関する** 관하다 **お詫び** 사과 **管理部** 관리부 **課長** 과장 **お疲れ様** 수고하다 **営業部** 영업부 **さて** 그런데 **このたび** 이번 **当月** 당 월 **深い** 깊다 **皆さん** 여러분 **期日** 기일 **処理** 처리 **〜にあたり** 〜에 임해서 **大変** 매우 **困る** 곤란하다 **注意** 주의 **反省** 반성 **今後** 앞으로 **必ず** 반드시 **致す** 하다 **今回** 이번 **許す** 용서하다 **取り急ぎ** 우선 급한 대로 **内線** 내선 **資料** 자료 **紛失** 분실 **総務部** 총무부 **部長** 부장 **人事部** 인사부 **報告** 보고 **預かる** 맡다 **新企画** 신 기획 **取引先** 거래처 **移動中** 이동 중 **不注意** 부주의 **ならびに** 및 **関係** 관계 **各位** 여러분 **多大なる** 크나 큰 **迷惑をかける** 폐를 끼치다 **誠に** 진심으로 **申し訳ない** 죄송하다 **日頃** 평소 **文書** 문서 **等** 등 **保管** 보관 **細心** 세심 **払う** 기울이다 **指導** 지도 **事態** 사태 **起こす** 일으키다 **悔やむ** 후회하다 **二度と** 두 번 다시 **失態** 실수 **繰り返す** 반복하다 **以後** 이후 **十分に** 충분히 **励む** 힘쓰다 **お客様** 손님 **叱責** 질책 **業務部** 업무부 **〜におきまして** 〜에서 **不用意** 부주의 **言動** 언동 **〜により** 〜에 의해 **受ける** 받다 **ほか** 외 **皆様** 여러분 **対応** 대응 **慎重** 신중 **期す** 기하다 **常々** 늘, 항상 **〜にも関わらず** 〜임에도 불구하고 **不始末** 불미스러운 일 **心** 마음

03_인사_어휘설명

件名 건 명　アポイントメント 약속　紹介 소개　頂く 받다　株式会社 주식회사　事業部 사업부　課長 과장　物産 물산　現代 현대　機工 기공　企画部 기획부　初めて 처음　送る 보내다　この度 이번　貴重 귀중　機会 기회　早速 즉시, 바로　一度 한 번　弊社 저희 회사　時間 시간　頂戴 주다　以下 이하　時間帯 시간대　貴社 귀사　伺う「訪ねる」의 겸양표현　都合 사정, 형편　候補 후보　日時 일시　多忙 다망　申し訳ない 죄송하다　何卒 부디　電話番号 전화번호　携帯 휴대(폰)　営業部 영업부　弊社 저희 회사　担当者 담당자　皆様 여러분　体調 컨디션　崩す 무너뜨리다　昨年 작년　大変 매우　お世話になる 신세를 지다　誠に 진심으로　心 마음　御礼 인사　本年 올해　社員 사원　一同 일동　満足 만족　心がける 명심하다　参る「行く-가다・来る-오다」의 겸양표현　ぜひ 꼭　昨年 작년　変わらぬ 변함 없다　愛顧 애호　賜わる 받다　通常 통상　本 본　返信 답신　不要 불요　気遣い 신경을 씀　平成 평성　建設 건설　海外開発部 해외개발부　人事異動 인사이동　総務部 총무부　経理課 경리과　命ぜられる 임명 받다　予定 예정　営業所 영업소　関西 관서　渡り歩く 전전하다　分かる 알다　不慣れ 익숙하지 않음　ゆえ 이므로　手間をとらせる 수고를 끼치다　存じる「思う-생각하다」의 겸양표현　指導 지도　鞭撻 편달　ならびに 및　協力 협력　重ねて 거듭　内線 내선

04_의뢰_어휘설명

件名(けんめい) 건 명　見積り(みつもり) 견적　送付(そうふ) 송부　株式会社(かぶしきがいしゃ) 주식회사　工務店(こうむてん) 공무점　営業部(えいぎょうぶ) 영업부

大変(たいへん) 매우　お世話になる(おせわになる) 신세를 지다　先日(せんじつ) 전날　足元(あしもと) 발 밑　悪い(わるい) 나쁘다　足労(そくろう) 일부러 오시게 해서 죄송　早速(さっそく) 즉시, 바로　説明(せつめい) 설명　貴社(きしゃ) 귀사　商品(しょうひん) 상품　興味(きょうみ) 흥미　下記(かき) 하기　内容(ないよう) 내용　品番(ひんばん) 품번　数量(すうりょう) 수량　個(こ) 개　価格(かかく) 가격　単価(たんか) 단가　納期(のうき) 납기　忙しい(いそがしい) 바쁘다　手数をかける(てすうをかける) 수고를 끼치다　海外(かいがい) 해외　第一(だいいち) 제일　新商品(しんしょうひん) 신상품　案内(あんない) 안내　平素(へいそ) 평소　格別(かくべつ) 각별　引き立て(ひきたて) 돌봐줌　弊社(へいしゃ) 저희 회사　ようやく 겨우　完成(かんせい) 완성　開発部(かいはつぶ) 개발부　技術者(ぎじゅつしゃ) 기술자　昼夜(ちゅうや) 주야　～を問わず(とわず) ～을 불문하고　作業(さぎょう) 작업　没頭(ぼっとう) 몰두　総力(そうりょく) 총력　結集(けっしゅう) 결집　作り上げる(つくりあげる) 완성시키다　自信作(じしんさく) 자신작　来月(らいげつ) 다음 달　発売(はつばい) 발매　前(まえ) 앞　新聞(しんぶん) 신문　業界誌(ぎょうかいし) 업계잡지　各社(かくしゃ) 각 사　相次ぐ(あいつぐ) 잇달다　取材(しゅざい) 취재　申し込み(もうしこみ) 신청　受ける(うける) 받다　いち早く(いちはやく) 재빨리　案内(あんない) 안내　連絡(れんらく) 연락　存じる(ぞんじる)「思う-생각하다」의 겸양 표현　一度(いちど) 한 번　時間(じかん) 시간　多忙(たぼう) 다망　申し訳ない(もうしわけない) 죄송하다　検討の程(けんとうのほど) 검토 후　何卒(なにとぞ) 부디　製品(せいひん) 제품　送る(おくる) 보내다　購入(こうにゅう) 구입　下記(かき) 하기　内容(ないよう) 내용　品目(ひんもく) 품목　納期(のうき) 납기　決済(けっさい) 결제　方法(ほうほう) 방법　翌月末(よくげつまつ) 다음 달 말　銀行(ぎんこう) 은행　振り込み(ふりこみ) 이체　取り急ぎ(とりいそぎ) 급히　依頼(いらい) 의뢰

05_통지_어휘설명

件名(けんめい) 건 명 担当者(たんとうしゃ) 담당자 変更(へんこう) 변경 連絡(れんらく) 연락 株式会社(かぶしきがいしゃ) 주식회사 電気(でんき) 전기 管理部(かんりぶ) 관리부 海外(かいがい) 해외 営業部(えいぎょうぶ) 영업부 この度(たび) 이번 年度(ねんど) 연도 初(はじ)め 첫 異動(いどう) 인사이동 伴(とも)う 동반하다, 따르다 一部(いちぶ) 일부 知(し)らせる 알리다 ~付(づけ) ~부 新(あら)ただ 새롭다 当面(とうめん) 당면 国際課(こくさいか) 국제과 課長(かちょう) 과장 ~とともに ~와 함께 業務(ぎょうむ) 업무 あたる 임하다 同日付(どうじつづけ) 동일 부 総務部(そうむぶ) 총무부 品質(ひんしつ) 품질 管理(かんり) 관리 送金(そうきん) 송금 注文(ちゅうもん) 주문 等(など) 등 関(かん)する 관하다 お尋(たず)ね 질문 なお 그리고 承知(しょうち) 양해, 알아둠 他(ほか) 외 質問(しつもん) 질문 問(と)い合(あ)わせる 문의하다 以上(いじょう) 이상 協力(きょうりょく) 협력 夏期(かき) 하기 休暇(きゅうか) 휴가 通知(つうち) 통지 開発(かいはつ) 개발 今年度(こんねんど) 금년도 下記(かき) 하기 ~通(とお)り ~대로 実施(じっし) 실시 期間(きかん) 기간 月曜(げつよう) 월요일 日曜(にちよう) 일요일 上記(じょうき) 상기 期間中(きかんちゅう) 기간 중 それぞれ 제각각 夏休(なつやす)み 여름휴가 念(ねん)のため 만일을 위해 進行中(しんこうちゅう) 진행 중 書類(しょるい) 서류 総務課(そうむか) 총무과 預(あず)ける 맡기다 動(うご)き 움직임, 변동 案件(あんけん) 조건 フォロー 보조 携帯(けいたい) 휴대 迷惑(めいわく)をかける 폐 끼치다 新規(しんき) 신규 取引(とりひき) 거래 販売(はんばい) 판매 販促(はんそく) 판촉 時下(じか) 요즘 ますます 점점 더 清栄(せいえい) 번성 お喜(よろこ)び 경하 企画(きかく) 기획 突然(とつぜん) 돌연 恐縮(きょうしゅく) 죄송함 貴社(きしゃ) 귀사 差(さ)し上(あ)げる「上げる-주다」의 겸양표현 ~次第(しだい) ~바 弊社(へいしゃ) 저희 회사 自社(じしゃ) 자사 一貫(いっかん) 일관 体制(たいせい) 체재 ~のもと ~의 아래 若(わか)い 젊다 女性(じょせい) 여성 対象(たいしょう) 대상 製品(せいひん) 제품 中心(ちゅうしん) 중심 小売店様(こうりてんさま) 소매점을 경영하는 분 今回(こんかい) 이번 販路(はんろ) 판로 拡大(かくだい) 확대 図(はか)る 도모하다 考(かんが)える 생각하다 隆盛(りゅうせい) 융성 承(うけたまわ)る「聞く-듣다」의 겸양표현 是非(ぜひ)とも 꼭 存(ぞん)じる「思う-생각하다」의 겸양표현 つきましては 그런고로 伺(うかが)う「訪ねる-방문하다」의 겸양표현 挨拶(あいさつ) 인사 동사사역형+ていただく 겸양표현(~하겠다) 都合(つごう) 사정, 형편 合(あ)わせる 맞추다 検討(けんとう)の上(うえ) 검토한 후 返事(へんじ) 답변 幸(さいわ)い 다행 実績(じっせき) 실적 事業(じぎょう) 사업 内容(ないよう) 내용 概要(がいよう) 개요 高覧(こうらん)「見る-보다」의 존경표현 まずは 우선은 ~にて ~으로

06_안내_어휘설명

件名(けんめい) 건명　送付(そうふ) 송부　案内(あんない) 안내　株式会社(かぶしきがいしゃ) 주식회사　人事部(じんじぶ) 인사부　担当者(たんとうしゃ) 담당자　日頃(ひごろ) 평소　ひとかたならぬ 적잖은　引き立て(ひきたて) 보살핌, 지원　賜る(たまわる) 받다　厚い(あつい) 두껍다　お礼(れい) 감사　申し上げる(もうしあげる) 「言う-말하다」의 겸양표현　商事(しょうじ) 상사　総務部(そうむぶ) 총무부　今般(こんぱん) 이번　弊社(へいしゃ) 저희 회사　創業(そうぎょう) 창업　周年(しゅうねん) 주년　記念(きねん) 기념　発行(はっこう) 발행　小誌(しょうし) 작은 잡지　先人(せんじん) 돌아가신 아버지　努力(どりょく) 노력　精進(しょうじん) 정진　自動車(じどうしゃ) 자동차　業界(ぎょうかい) 업계　～における ～에서의　昨今(さっこん) 작금　技術(ぎじゅつ) 기술　革新(かくしん) 혁신　目まぐるしい(めまぐるしい) 눈부시다　年(とし) 년　歩み(あゆみ) 걸음　掲載(けいさい) 게재　～と共に(とともに) ～와 함께　幅広い(はばひろい) 폭 넓다　取り入れる(とりいれる) 넣다　詳細(しょうさい) 상세　歴史(れきし) 역사　まとめる 정리하다　今後(こんご) 앞으로　発展(はってん) 발전　役立つ(やくだつ) 도움이 되다　重要(じゅうよう) 중요　文献(ぶんけん) 문헌　確信(かくしん) 확신　一層(いっそう) 더 한층　社業(しゃぎょう) 사업　邁進(まいしん) 매진　所存(しょぞん) 생각, ～바　変わらぬ(かわらぬ) 변함없음　愛顧(あいこ) 애호　～かたがた ～을 겸해　直通(ちょくつう) 직통　代表(だいひょう) 대표　業務(ぎょうむ) 업무　内容(ないよう) 내용　拡充(かくじゅう) 확충　かねてより 예전부터　誤作動(ごさどう) 오작동　お問い合わせ(おといあわせ) 문의　折(おり) 때　対応(たいおう) 대응　不十分(ふじゅうぶん) 불충분　～にて ～으로　お客様(きゃくさま) 손님　不便(ふべん) 불편　深い(ふかい) 깊다　詫びる(わびる) 사과하다　つきましては 그런고로　迅速(じんそく) 신속　丁寧に(ていねいに) 친절하게　～べく ～위해　海外(かいがい) 해외　営業部(えいぎょうぶ) 영업부　部門(ぶもん) 부문　独立(どくりつ) 독립　相成る(あいなる) 되다　今後(こんご) 앞으로　行う(おこなう) 행하다　皆様方(みなさまがた) 여러분들　様々な(さまざまな) 다양한　要望(ようぼう) 요망　添う(そう) 따르다　確信(かくしん) 확신　新部門(しんぶもん) 신 부분　部署(ぶしょ) 부서　開始(かいし) 개시　気軽に(きがるに) 부담 없이　用命(ようめい) 분부　工場(こうじょう) 공장　開設(かいせつ) 개설　さて 그런데　当社(とうしゃ) 당 사　本社(ほんしゃ) 본사　隣接地(りんせつち) 인접지　第(だい) 제　完工(かんこう) 완공　運び(はこび) 단계　最新鋭(さいしんえい) 최신예　設備(せつび) 설비　導入(どうにゅう) 도입　日産(にっさん) 하루 생산　万個(まんこ) 만 개　生産(せいさん) 생산　予定(よてい) 예정　稼働(かどう) 가동　～に伴い(にともない) ～와 함께　可能(かのう) 가능　倍旧(ばいきゅう) 배전, 갑절　略儀ながら(りゃくぎながら) 간략하지만　～を以て(をもって) ～으로

07_보고_어휘설명

件名 건 명　工業 공업　対応 대응　報告 보고　部長 부장　出張 출장　結果 결과　致す 하다　設定 설정　修正 수정　無事 무사　終了 종료　原因 원인　お客様 손님　間違い 잘못　対策 대책　防止 방지　説明 설명　資料 자료　作成 작성　約束 약속　特記 특기　事項 사항　同様 같음　他 다른　起こる 일어나다　可能性 가능성　部内 부내　展開 전개　注意 주의　呼びかける 호소하다　以上 이상　訪問時 방문 시　怒る 화를 내다　丁寧に 친절하게　納得 납득　わざわざ 일부러　呼びつける 불러오다　見送る 배웅하다　信頼 신뢰　関係 관계　壊す 망가뜨리다　済む 해결하다　商事 상사　管理 관리　次年度 차년도　営業所 영업소　お疲れ様 수고함　海外 해외　商品 상품　第 제　回 회　打ち合わせ 협의　行う 행하다　内容 내용　議題 의제　決定 결정　変更 변경　なお 그리고　詳細 상세　次回 다음 번　午後 오후　予定 예정　取り急ぎ 급히　株式会社 주식회사　昨日 어제　以下 이하　通り 대로　日時 일시　訪問先 방문처　事業部 사업부　対応者 대응자　推進課 추진과　各支店 각 지점　納入日 납입일　確認 확인　今後 앞으로　販売 판매　促進 촉진　活動 활동　提案 제안　若い 젊다　年齢層 연령층　希望 희망　所感 소감　予算 예산　兼ね合いがつく 균형이 맞다　〜かどうか 〜인지 아닌지　点 점　社内 사내　調整 조정　難しい 어렵다　再度 재차　若者 젊은이　〜向け 〜용　多少 다소　価格 가격　抑える 억제하다

08_연락_어휘설명

重要 중요　連絡 연락　商事 상사　お疲れ様 수고함　海外 해외　営業部 영업부　連休 연휴　利用 이용　点検 점검　期間中 기간 중　日時 일시　作業 작업　内容 내용　駆除 구제　新規 신규　監視 감시　上記 상기　万が一 만일　동사부정형+ざるを得ない ~해야만 하다　場合 경우　事前 사전　必要 필요　なお 그리고　際 때　等 등　外部 외부　一切 일체　禁止 금지　会議 회의　お知らせ 알림　開発部 개발부　部長 부장　仕事 일　表題 표제　会議室 회의실　下記 하기　日程 일정　開催 개최　参加 참가　程 여부　日時 일시　平成 평성　午前 오전　議題 의제　月例 월례　報告 보고　今期 금기　実績 실적　雑誌 잡지　到着 도착　関係者 관계자　各位 여러분　表記 표기　新製品 신제품　載る 싣다　ご覧ください 보세요　特集 특집　記事 기사　楽しむ 즐기다　誰でも 누구라도　簡単 간단　一口 한마디　上記 상기　従来 종래　技能 기능　消費者 소비자　率直 솔직　競争 경쟁　比べる 비교하다　注目 주목

09_상담_어휘설명

件名 건 명 関する 관하다 人員 인원 増強 증강 相談 상담 課長 과장 お疲れ様 수고함 現在 현재 進行 진행 取りかかる 매달리다, 착수하다 人手不足 일손부족 納期 납기 遅延 지연 동사ます형+かねない ~일지도 모른다 状況 상황 困る 곤란하다 例年 예년 名 명 行う 행하다 本年 올해 案件 안건 早まる 빨라지다 同時期 동 시기 実質 실질 対応 대응 終了 종료 期間 기간 のみ 만, 뿐 増やす 늘리다 忙しい 바쁘다 恐れ入る 죄송하다 一度 한 번 海外 해외 営業部 영업부 打ち合わせ 협의 日程 일정 お世話になる 신세를 지다 株式会社 주식회사 新製品 신제품 店頭 점두 展示 전시 来週 다음 주 決定 결정 可能 가능 日時 일시 載せる 싣다 都合 사정, 형편 時間帯 시간대 教える 가르치다 候補 후보 もし 만일 いずれ 모든 場合 경우 遠慮なく 사양 않고 知らせる 알리다 程度 정도 不明点 불명확한 점 気軽に 부담 없이 連絡 연락 勧誘 권유 部長 부장 工業 공업 フェア 전시회 来週中 다음 주 중 同行 동행 本日 오늘 ~ぶりに ~만에 訪問 방문 以下 이하 前任者 전임자 転勤 전근 担当者 담당자 交代 교대 不在 부재 競合 경합 多数 다수 導入 도입 少なくとも 적어도 台 대 目撃 목격 アプローチ 접근 模様 모양, 상태 しばらく 잠시 責任 책임 来場 내장 巻き返す 반격하다 新しい 새롭다 信頼 신뢰 関係 관계 構築 구축 挨拶 인사 後押し 지원, 뒷받침 以上 이상 内線 내선

10_지시_어휘설명

件名(けんめい) 건 명　**納期**(のうき) 납기　**お世話になる**(おせわになる) 신세를 지다　**株式会社**(かぶしきがいしゃ) 주식회사　**丁寧だ**(ていねいだ) 친절하다　**対応**(たいおう) 대응　**設定**(せってい) 설정　**過ぎる**(すぎる) 지나다　**迅速**(じんそく) 신속　**存じる**(ぞんじる)「思う-생각하다」의 겸양표현　**御社**(おんしゃ) 귀사　**可能**(かのう) 가능　**今後**(こんご) 앞으로　**海外**(かいがい) 해외　**営業部**(えいぎょうぶ) 영업부　**直通**(ちょくつう) 직통　**代表**(だいひょう) 대표　**出張**(しゅっちょう) 출장　**忙しい**(いそがしい) 바쁘다　**工場**(こうじょう) 공장　**連絡**(れんらく) 연락　**入る**(はいる) 들어오다　**生産**(せいさん) 생산　**現在**(げんざい) 현재　**どうやら** 아무래도　**原因**(げんいん) 원인　**紛れ込む**(まぎれこむ) 잠입하다　**ねずみ** 쥐　**不確かだ**(ふたしかだ) 불확실하다　**他**(ほか) 다른　**つきとめる** 밝혀내다　**~べく** ~위해　**すぐさま** 바로　**急行**(きゅうこう) 급행　**契約書**(けいやくしょ) 계약서　**確認**(かくにん) 확인　**法務課**(ほうむか) 법무과　**大変**(たいへん) 매우　**本日**(ほんじつ) 오늘　**至急**(しきゅう) 즉시　**申し訳ない**(もうしわけない) 죄송하다　**担当**(たんとう) 담당　**商事**(しょうじ) 상사　**本来**(ほんらい) 본래　**当社**(とうしゃ) 당사　**雛形**(ひながた) 양식　**使う**(つかう) 사용하다　**基本**(きほん) 기본　**先方**(せんぽう) 상대방　**交渉**(こうしょう) 교섭　**申し出**(もうしで) 의사표시　**考慮**(こうりょ) 고려　**自体**(じたい) 자체　**ただし** 단지　**非常に**(ひじょうに) 매우　**急ぐ**(いそぐ) 서두르다　**明後日**(あさって) 모레　**訪問**(ほうもん) 방문　**予定**(よてい) 예정　**必要**(ひつよう) 필요　**状況**(じょうきょう) 상황　**理解**(りかい) 이해　**~次第**(しだい) ~바　**説明**(せつめい) 설명　**都合**(つごう) 사정　**指定**(してい) 지정

11_제안_어휘설명

件名 건 명　新製品 신제품　株式会社 주식회사　営業部 영업부　大変 매우　お世話になる 신세를 지다　先日 전날　案内 안내　おかげさまで 덕분에　各販売店 각 판매점　～にて ～에서　好成績 호성적　おさめる 거두다　今月末日 이번 달 말일　連絡 연락　来月 다음 달　中旬 중순　御社 귀사　販促 판촉　納品 납품　今 지금　一度 한 번　ぜひ 꼭　検討 검토　なお 그리고　以降 이후　注文 주문　他 타　展開 전개　重なる 겹치다　数量 수량　確保 확보　難しい 어렵다　利用 이용　際 때　早めに 조금 빨리　忙しい 바쁘다　時期 시기　申し訳ない 죄송하다　何卒 부디　海外 해외　直通 직통　代表 대표　新商品 신상품　突然 돌연　失礼 실례　自動車 자동차　開発 개발　生産 생산　この度 이 번　弊社 저희 회사　使う 사용하다　今回 이번　提案 제안　特徴 특징　女性 여성　ユーザー 사용자　意識 의식　機能 기능　簡便化 간편화　図る 도모하다　停止時 정지 시　録画 녹화　使用 사용　品質的 품질적　評価 평가　ぜひ 꼭　取扱 취급　興味 흥미　手配 수배, 알아봄　後日 후일　改めて 새로이　差し上げる「あげる-주다」의 겸양표현　回答 회답　幸い 다행　多用 볼일이 많음　折 때　恐れ入る 죄송하다　新規 신규　取引 거래　用品 용품　販売部 판매부　販促 판촉　担当者 담당자　時下 요즘　ますます 점점 더　清栄 건승　お喜び 기쁨, 경하　企画 기획　恐縮 죄송함　貴社 귀사　次第 ～바　自社 자사　一貫 일관　管理 관리　体制 체제　～のもと ～의 아래　方 분　対象 대상　韓国 한국　中心 중심　中国 중국　今回 이번　新たに 새롭게　販路 판로　拡大 확대　考える 생각하다　隆盛 융성　承る「聞く-듣다」의 겸양표현　是非とも 꼭　存じる「思う-생각하다」의 겸양표현　伺う「訪ねる-방문하다」의 겸양표현　挨拶 인사　都合 사정, 형편　合わせる 맞추다　返事 답변　なお 그리고　実績 실적　事業 사업　内容 내용　下記 하기　概要 개요　ご高覧下さい 보세요　まず 우선

12_재촉_어휘설명

件名(けんめい) 건 명　納品(のうひん) 납품　督促(とくそく) 독촉　自動車(じどうしゃ) 자동차　株式会社(かぶしきがいしゃ) 주식회사　生産部(せいさんぶ) 생산부　前略(ぜんりゃく) 전략　取り急ぎ(とりいそぎ) 급함　用件(ようけん) 용건　のみ 만　さて 그런데　当社(とうしゃ) 당사　注文(ちゅうもん) 주문　再三(さいさん) 재삼, 여러 번　電話(でんわ) 전화　貴(き) 귀　担当(たんとう) 담당　努力(どりょく) 노력　痛い(いたい) 아프다　感じる(かんじる) 느끼다　感謝(かんしゃ) 감사　納期(のうき) 납기　見通しが立つ(みとおしがたつ) 전망이 서다　事実(じじつ) 사실　本注文品(ほんちゅうもんひん) 본 주문품　最重要(さいじゅうよう) 아주 중요　お得意先(おとくいさき) 단골거래처　試作(しさく) 시작, 시제품　~向け(むけ) ~용　今回(こんかい) 이번　数量(すうりょう) 수량　少ない(すくない) 적다　~とはいえ ~라고는 해도　将来(しょうらい) 장래　期待(きたい) 기대　どうか 부디　お取り組み(おとりくみ) 조치　納品(のうひん) 납품　~をもって ~으로　次第(しだい) ~바　折返し(おりかえし) 즉시　連絡(れんらく) 연락　待つ(まつ) 기다리다　海外(かいがい) 해외　営業部(えいぎょうぶ) 영업부　直通(ちょくつう) 직통　代表(だいひょう) 대표　送付(そうふ) 송부　貴社(きしゃ) 귀사　ますます 점점 더　清栄(せいえい) 건승　お喜び(およろこび) 경하, 기쁨　日ごろ(ひごろ) 평소　格別(かくべつ) 각별　愛顧(あいこ) 애호　賜る(たまわる) 받다　お礼(おれい) 감사　先般(せんぱん) 지난 번　請求(せいきゅう) 청구　御社(おんしゃ) 귀사　現在(げんざい) 현재　いまだ 여태껏　届く(とどく) 도달되다　手違い(てちがい) 착오　到達(とうたつ) 도착　동사ます형+次第(しだい) ~하는 대로　早急に(さっきゅうに) 조속히　残金(ざんきん) 잔금　支払い(しはらい) 지불　商事(しょうじ) 상사　総務部(そうむぶ) 총무부　平素(へいそ) 평소　厚情(こうじょう) 후의　末日付(まつじつづけ) 말일 부　代金(だいきん) 대금　下記(かき) 하기　弊社(へいしゃ) 저희 회사　請求額(せいきゅうがく) 청구액　お振り込み(おふりこみ) 이체　あいだ 사이　生じる(しょうじる) 생기다　経理(けいり) 경리　部門(ぶもん) 부문　受ける(うける) 받다　以降(いこう) 이후　説明(せつめい) 설명　貴職宛に(きしょくあてに) 귀직 앞으로　何度か(なんどか) 몇 번이나　差しあげる(さしあげる) 「あげる-주다」의 겸양표현　状態(じょうたい) 상태　続く(つづく) 계속되다　長い(ながい) 길다　取引(とりひき) 거래　~ゆえ ~이므로　小職(しょうしょく) 소관　困却(こんきゃく) 매우 곤란함　種々(しゅじゅ) 여러 가지　事情(じじょう) 사정　拝察(はいさつ) 추측　至急(しきゅう) 지금 즉시　~とともに ~와 함께　可及的(かきゅうてき) 가급적　速やかに(すみやかに) 신속하게　記帳(きちょう) 기장　以上(いじょう) 이상

13_주의_어휘설명

件名 건 명　営業 영업　報告書 보고서　記載 기재　内容 내용　お疲れ様 수고함　総務部 총무부　さきほど 조금 전　昨日 어제　提出 제출　読む 읽다　相手側 상대 측　提示 제시　金額 금액　気がつく 알아차리다　点 점　同行 동행　先方 상대방　資料 자료　年間 연간　万円 만 엔　程度 정도　予算 예산　考える 생각하다　再度 재차　確認 확인　今後 앞으로　見積書 견적서　作成 작성　影響 영향　重要 중요　部分 부분　正しい 바르다　数字 숫자　残す 남기다　他 외　簡潔 간결　まとまる 정리되다　良い 좋다　修正 수정　동사ます형+次第 ~하는 대로　再送 재송　内線 내선　注意 주의　出荷前 출하 전　点検 점검　方法 방법　担当者 담당자　各位 여러분　品質 품질　管理 관리　配送 배송　さて 그런데　先週 지난 주　営業所 영업소　~において ~에서　商品 상품　番号 번호　取り違え 오인　発生 발생　具体的 구체적　注文 주문　内容 내용　~にも関わらず ~임에도 불구하고　本件 본 건　不備 미비　原因 원인　単純 단순　読み違い 잘못 읽음　決して 결코　小さい 작다　お客様 손님　迷惑をかける 폐를 끼치다　厳しい 심하다, 엄격하다　叱り 꾸짖음　今後 앞으로　以下 이하　通り 대로　手順 수순　徹底 철저　ピッキング 물류서비스에서 보관장소의 상품을 꺼집어 내는 일　行う 행하다　別 다른　必ず 반드시　個数 개수　以上 이상　未納 미납　本来 본래　直接 직접　あいにく 공교롭게도　合う 맞다　先に 먼저　送る 보내다　本日 오늘　部長 부장　電話 전화　納品日 납품일　到着 도착　連絡 연락　調べる 조사하다　~上で ~하고 나서　手配 알아봄　現在 현재　完了 완료　当社 당사　長年 긴 세월　お付き合い 교제, 거래　特に 특히　今回 이번　特別 특별　企画 기획　予定日 예정일　届く 배달되다　不安 불안　理解 이해　一目置く 경의를 표하다　少々 다소　手薄 허술함　続く 계속되다　気がする 느낌이 들다　気になる 신경 쓰이다　徹底 철저　取引先 거래처　信頼感 신뢰감　さらに 더 한층　高まる 높아지다　今日中 오늘 중　謝罪 사죄　その後 그 후　動く 움직이다　遠慮なく 사양 말고　声をかける 말을 걸다　期待 기대

14_클레임_어휘설명

件名 건 명　配送 배송　間違い 잘못　管理部 관리부　お世話になる 신세를 지다　株式会社 주식회사　海外 해외　営業部 영업부　貴社 귀사　製品 제품　自動車用 자동차 용　本日 오늘　受け取る 받다　ところが 그러나　黒 검정　青 파랑　指定 지정　代わりに 대신에　赤 빨강　入る 들어오다　返品 반품　担当者 담당자　変更 변경　商事 상사　販売部 판매부　平素 평소　さて 그런데　大変 매우　申し上げる「言う-말하다」의 겸양표현　弊社 저희 회사　相談 상담　実は 실은　対応 대응　いささか 다소　業務 업무　支障 지장　先日 전날　商品 상품　注文 주문　個数 개수　連絡 연락　再度 재차　依頼 의뢰　回答 회답　最終的 최종적　別 다른　方 분　多忙 다망　時期 시기　仕方がない 어쩔 수 없다　存じる「思う-생각하다」의 겸양표현　以前 이전　同様 같음　誠意 성의　謝罪 사죄　さらに 더 나아가　要望 요망　困惑 곤혹　取引 거래　今後 앞으로　継続 계속　考える 생각하다　配慮 배려　幸い 다행　納品日 납품일　納入 납입　破損 파손　説明 설명　出荷時 출하 시　検品 검품　確認 확인　責任 책임　代替品 대체품　発送 발송　了承 납득, 양해　週間 주일　経つ 경과하다　届く 배달되다　手間 수고　拝察 추측　当方 저희 쪽　きたす 초래하다　早急 즉시　送る 보내다　確実 확실　本日中 오늘 중　折り返し 바로

15_축하_어휘설명

件名 건명　栄転 승진　お祝い 축하　株式会社 주식회사　管理部 관리부　部長 부장　日頃 평소　格別 각별　愛顧 애호　賜る 받다　誠に 진심으로　厚い 두껍다　お礼 감사　申し上げる「言う-말하다」의 겸양표현　海外 해외　営業部 영업부　本社 본사　拝承 들음　心 기쁨　お喜び 기쁨　当地 이곳　在勤中 재직 중　公私 공사　~にわたって ~에 걸쳐　ひとかたならぬ 적잖은　高配 배려　改めまして 새로이　新任地 신임 지역　~において ~에서　貴殿 귀하　期待 기대　甚大 막대함　存じる「思う-생각하다」의 겸양표현　幾多 수많음　困難 곤란　解決 해결　必ずや 반드시　実り 결실　多い 많다　成果 성과　出す 내다　忙しい 바쁘다　自愛 몸조심　祈る 기원하다　なお 그리고　別便 별편, 별도로 우송함　送る 보내다　笑納 선물을 보낼 때, 보잘 것 없는 물건이지만 웃으며 받아 달라는 뜻으로 겸손하게 쓰는 말　幸い 다행　略儀ながら 간략하나마　~をもって ~으로　創立 창립　周年 주년　平素 평소　引き立て 보살핌, 지원　貴社 귀사　迎える 맞이하다　由 ~이라니, ~하다니　今日 오늘　皆様 여러분　日々 나날　努力 노력　拝察 추측　経験 경험　活かす 살리다　ますます 점점 더　発展 발전　躍進 약진　期待 기대　恐縮 죄송함　取り急ぎ 급히　開店 개점　お世話になる 신세를 지다　いよいよ 드디어　当日 당일　伺う「訪ねる-방문하다」의 겸양표현　微力ながら 미력하지만　手伝う 돕다　所存 생각　遠慮なく 사양 말고　申し付ける 분부하다　準備 준비　くれぐれも 부디　体 몸　成功 성공　祝詞 축사

16_위로(치하)_어휘설명

件名 건 명　株式会社 주식회사　商品 상품　開発部 개발부　お疲れ様 수고함　海外 해외　営業部 영업부　報告 보고　受ける 받다　今回 이번　受注 수주　残念 유감　先方 상대방　担当者 담당자　やりとり 주고 받음　好感触 좋은 감촉　無念 무념　感じる 느끼다　提案 제안　内容 내용　および 및　都合 사정, 형편　考え 생각　結果 결과　仕方がない 어쩔 수 없다　経験 경험　学ぶ 배우다　ぜひ 꼭　次 다음　活かす 살리다　説明会 설명회　先日 전날　本当に 정말로　最終的 최종적　以上 이상　学生 학생　集まる 모이다　参加者 참가　反応 반응　感謝 감사　当日 당일　受付 접수　最後 마지막　質疑応答 질의응답　進む 진행되다　安心 안심　異動 인사이동　初めて 처음　戸惑う 당황하다　しっかり 똑바로　仕事ぶり 일하는 모습　感心 감동　頼り 의지　総務部 총무부　内線 내선　新商品 신상품　完成 완성　平素 평소　大変 매우　お世話になる 신세를 지다　連絡 연락　案件 안건　忙しい 바쁘다　責任者 책임자　現場 현장　陣頭指揮 진두지휘　誠に 진심으로　休日 휴일　返上 반환　過酷 과혹　苦労 고생　拝察 추측　皆様 여러분　他社 타사　負ける 지다　非常に 매우　完成度 완성도　高い 높다　販路 판로　拡大 확대　向ける 향하다　展開 전개　フロー 흐름　責任 책임　持つ 가지다　推し進める 추진하다　今後 앞으로　一同 일동　全力 전력　取り組む 몰두하다　参る「行く-가다・来る-오다」의 겸양표현　協力 협력　恐縮 죄송함　取り急ぎ 급함　お礼 감사　報告 보고　申し上げる「言う-말하다」의 겸양표현

17_조회(문의)_어휘설명

件名 건 명　自動車 자동차　用品 용품　商事 상사　株式会社 주식회사　経営 경영　管理部 관리부　大変 매우　お世話になる 신세를 지다　海外 해외　営業部 영업부　忙しい 바쁘다　申し訳ない 죄송하다　開催 개최　質問 질문　応募 응모　可能 가능　申し込み 신청　方法 방법　教える 가르치다　手数をかける 수고를 끼치다　何卒 부디　直通 직통　代表 대표　部品 부품　必要数 필요 수　希望 희망　納期 납기　販売部 판매부　先日 전날　注文 주문　質問 질문　知らせる 알리다　納品 납품　一括 일괄　順次 순차　再度 재차　調整 조정　返事 답변　待つ 기다리다　以上 이상　在庫 재고　照会 조회　恐縮 죄송함　現在 현재　弊社 저희 회사　表題 표제　商品 상품　企画 기획　検討 검토　下記 하기　連絡 연락　製品名 제품명　内容 내용　回答日 회답일　時点 시점　並びに 및　累計 누계　販売数 판매수　添付 첨부　調査票 조사표　送る 보내다　確認 확인　記入 기입　返信 답변

18_확인_어휘설명

件名 건 명　**入金** 입금　**確認** 확인　**株式会社** 주식회사　**総務部** 총무부　**大変** 매우　**お世話になる** 신세를 지다　**営業部** 영업부　**請求** 청구　**商品** 상품　**数量** 수량　**代金** 대금　**振り込み** 이체　**本日** 오늘　**領収書** 영수증　**郵送** 우송　**査収** 잘 살펴봄　**今後とも** 앞으로도　**一層** 더 한층　**引き立て** 보살핌, 지원　**申し上げる**「言う-말하다」의 겸양표현　**お知らせ** 알림　**かたがた** 겸해서　**お礼** 감사　**海外** 해외　**納品** 납품　**予定日** 예정일　**管理部** 관리부　**先ほど** 조금 전　**内容** 내용　**点** 점　**記載** 기재　**お届け** 배달　**午前** 오전　**本日中** 오늘 중　**手配** 수배, 알아봄　**必要** 필요　**返信** 답변　**幸い** 다행　**取り急ぎ** 급히　**連絡** 연락　**来年度** 내년도　**版** 판　**送付** 송부　**手元** 손 안　**未到着** 미 도착　**配送** 배송　**担当者** 담당자　**分** 몫　**入り用** 필요　**何なり** 무엇이든지　**申し付ける**　**忙しい** 바쁘다　**恐縮** 죄송함

19_항의_어휘설명

件名(けんめい) 건 명 改装(かいそう) 개장 作業(さぎょう) 작업 延期(えんき) 연기 株式会社(かぶしきがいしゃ) 주식회사 営業部(えいぎょうぶ) 영업부 この度(たび) 이번 工事(こうじ) 공사 協力(きょうりょく) 협력 誠に(まことに) 진심으로 海外(かいがい) 해외 さて 그런데 工程(こうてい) 공정 見直し(みなおし) 재검토 当社(とうしゃ) 당사 受ける(うける) 받다 동사ます형+かねる ~하기 어렵다 公開(こうかい) 공개 ~をはじめ ~을 비롯해서 各種(かくしゅ) 각종 販促(はんそく) 판촉 企画(きかく) 기획 各社(かくしゃ) 각 사 合わせる(あわせる) 맞추다 作業(さぎょう) 작업 進める(すすめる) 진행하다 遅延(ちえん) 지연 弊社(へいしゃ) 저희 회사 相当(そうとう) 상당 損害を被る(そんがいをこうむる) 손해를 입다 諸事情(しょじじょう) 모든 사정 汲み取る(くみとる) 이해하다 何卒(なにとぞ) 부디 対応(たいおう) 대응 申し上げる(もうしあげる) 「言う-말하다」의 겸양표현 取り急ぎ(とりいそぎ) 급히 連絡(れんらく) 연락 直通(ちょくつう) 직통 代表(だいひょう) 대표 納期(のうき) 납기 大変(たいへん) 매우 お世話になる(おせわになる) 신세를 지다 週間(しゅうかん) 주일 注文(ちゅうもん) 주문 本日(ほんじつ) 오늘 現在(げんざい) 현재 商品(しょうひん) 상품 届く(とどく) 도달되다 注文書(ちゅうもんしょ) 주문서 確かに(たしかに) 확실히 昨日(きのう) 어제 時点(じてん) 시점 納品(のうひん) 납품 対処(たいしょ) 대처 手違い(てちがい) 착오 存じる(ぞんじる) 「思う-생각하다」의 겸양표현 至急(しきゅう) 즉시 確認(かくにん) 확인 事情(じじょう) 사정 予定日(よていび) 예정일 早急(さっきゅう) 급히 善処(ぜんしょ) 선처 製品(せいひん) 제품 破損(はそん) 파손 管理部(かんりぶ) 관리부 液晶(えきしょう) 액정 表示部(ひょうじぶ) 표시부 キズ 흠 見つかる(みつかる) 발견되다 恐れ入る(おそれいる) 죄송하다 状態(じょうたい) 상태 代替品(だいたいひん) 대체품 送付(そうふ) 송부 なお 그리고 当該(とうがい) 해당 折り返し(おりかえし) 즉시 返事(へんじ) 답변 待つ(まつ) 기다리다

20_문안_어휘설명

件名 건명　お見舞い 문안　申し上げる 「言う-말하다」의 겸양표현　株式会社 주식회사　営業部 영업부　大変 매우　お世話になる 신세를 지다　海外 해외　本日 오늘　貴社 귀사　聞く 듣다　自宅 자택　療養中 요양 중　伺う 「聞く-듣다」의 겸양표현　驚く 놀라다　その後 그 후　お加減 건강 상태　心 몸　しばらく 잠시　体 마음　ゆっくり 느긋하게　休む 쉬다　一日 하루　早い 빠르다　回復 회복　祈 기원하다　品 물건　送る 보내다　収める 받아들이다　返事 답변　不要 불요　気遣い 신경을 씀　恐縮 죄송함　取り急ぎ 급히　直通 직통　代表 대표　事故 사고　交通 교통　遭う 당하다　お知らせ 알림　突然 갑자기　命 목숨　別状 별 지장　経過 경과　本来 본래　騒がす 시끄럽게 하다　別便 다른 편　受け取る 받다　無理 무리　地震 지진　災害 재해　部長 부장　平素 평소　この度 이번　付近 부근　無事 무사　特に 특히　御地 계시는 지역　被害 피해　心配 걱정　皆様 여러분　~と共に ~와 함께　力 힘　遠慮なく 사양 말고　申し付ける 분부하다　援助 원조　存じる 「思う-생각하다」의 겸양표현

기절초풍 비즈니스 일본어
이메일편 (E-mail)
어휘설명집

도서출판 예빈우